NOTE PRÉFACE

Au moment où les vieux pays d'Europe se mettent à chercher fiévreusement dans toutes les parties du monde de nouveaux et vastes débouchés à leurs produits ; que la France paraît décidée à se créer dans l'Extrême-Orient et en Afrique un empire colonial qui la consolera de la perte de ses anciennes et magnifiques possessions de l'Inde et de l'Amérique, il nous a paru aussi utile qu'intéressant de publier cette « HISTOIRE ET GÉOGRAPHIE COMPLÈTE DES COLONIES DE LA FRANCE ET DES PAYS PLACÉS SOUS SON PROTECTORAT » qui résume dans un seul livre d'un volume relativement restreint et d'un prix peu élevé, à la portée de tous, les immenses matériaux amassés depuis de longues années par nos plus éminents géographes dans des ouvrages sans doute parfaits, mais qui ont été écrits à un point de vue trop général ou trop particulier pour le but que nous nous proposons.

Ce livre a été spécialement écrit pour les jeunes gens des écoles soucieux de s'instruire sur des pays peu connus du public mais qui se rattachent par tant de liens et de souvenirs à la mère-patrie et aussi pour les négociants désireux d'élargir le cercle de leurs relations commerciales.

A cet effet nous nous sommes efforcé de mettre dans notre ouvrage tout ce qui pouvait rendre sa lecture attrayante et fructueuse pour les élèves et les commerçants, mais aussi pour toute personne qui veut connaître nos colonies. Les hauts faits de nos pères, les gloires, les revers aussi de nos vieux établissements d'outre-mer, le dévouement de notre jeune armée luttant dans des pays lointains pour l'honneur du drapeau, y ont été relatés pieusement ; le climat, les richesses agricoles ou industrielles des pays nouvellement conquis, leur flore, leur faune, leurs transactions commerciales, les mœurs et les usages de leurs habitants y ont été décrits avec un soin minutieux.

Nous nous sommes étendu plus particulièrement sur l'histoire de l'Algérie, du Tonkin et de l'Annam en raison de leur importance. On y trouvera le récit fidèle et impartial des évènements qui ont marqué la conquête de ces vastes régions. Un chapitre spécial a été consacré au Congo dont on s'est occupé avec tant d'intérêt depuis les explorations hardies de M. de Brazza.

Nous croyons donc pouvoir avancer, sans être taxé de témérité, que ce livre est le plus complet du genre qui ait paru jusqu'à ce jour. A ce compte nous espérons que le public lui fera un accueil favorable et nous nous estimerons bien récompensé si nous avons pu être utile en quelque chose à notre grande et chère patrie.

Ch. BELLANGER.

HISTOIRE & GÉOGRAPHIE

DES

COLONIES DE LA FRANCE

ET DES

PAYS PLACÉS SOUS SON PROTECTORAT

D'APRÈS LES DOCUMENTS LES PLUS RÉCENTS

AVEC CARTE

PAR

Charles BELLANGER

Membre de plusieurs Sociétés Littéraires et Savantes

Colonies d'Afrique : La Réunion. — Sainte-Marie. — Mayotte. — Nossi-Bé. — Madagascar. — Le Congo. — Comptoirs de la côte de Guinée. — Le Gabon. — Le Sénégal. — L'Algérie. — La Tunisie. — Obock.

Colonies d'Amérique : La Martinique. — La Guadeloupe. — Marie-Galante. — La Désirade. — St-Barthélemy. — Les Saintes. — Saint-Pierre et Miquelon. — La Guyane.

Colonies d'Asie : Les Indes Françaises. — La Cochinchine. — Le Cambodge. — Le Tonkin. — L'Annam.

Colonies d'Océanie : La Nouvelle-Calédonie. — Les îles Loyalty. — L'Archipel de La Société. — Les îles Pomotou. — Les îles Gambier. — Les Marquises.

PARIS

E. DENTU, ÉDITEUR

LIBRAIRE DE LA SOCIÉTÉ DES GENS DE LETTRES

PALAIS-ROYAL, 15-17-19, GALERIE D'ORLÉANS

—

1886

COLONIES D'AFRIQUE

La France possède directement en Afrique : LA RÉUNION ; SAINTE-MARIE, sur la côte orientale de Madagascar, MAYOTTE, NOSSI-BÉ, NOSSI-KUMBA, NOSSI-MITSIOU, NOSSI-FALLI sur la côte occidentale ; plusieurs ports et baies à MADAGASCAR même où elle revendique encore aujourd'hui ses anciens droits ; divers territoires au Congo et sur la côte de Guinée ; le GABON ; le SÉNÉGAL, GORÉE et leurs dépendances ; l'ALGÉRIE et les Comptoirs d'OBOCK et d'AMBADO sur la côte orientale d'Afrique et sur les bords de la mer Rouge.

Depuis le 12 Mai 1881 la TUNISIE est placée sous son protectorat.

LA RÉUNION

GÉOGRAPHIE. — **Situation géographique, Superficie, Population.** — La Réunion, autrefois Bourbon, est située dans l'Océan Indien par 20° 51'4'' de latitude Sud et 53° 10' de longitude Est du méridien de Paris. Elle se trouve à 3300 lieues environ de Brest, à 300 lieues de la côte d'Afrique, à 150 lieues à l'est de Madagascar, à 750 lieues au nord-est du cap de Bonne-Espérance et enfin à 35 lieues seulement de l'Île-de-France que les Anglais nous ont enlevée et à laquelle ils ont donné le nom de « Muritius », île Maurice.

Disons à cette occasion que les créoles de l'île Maurice sont presque tous [d'origine française, qu'ils parlent notre langue et qu'ils professent, en toutes occasions, pour leur ancienne patrie, une affection touchante qui n'a d'égale que l'antipathie qu'ils manifestent pour les nouveaux venus. La forme de La Réunion est presque circulaire ; elle a 200 kilomètres de tour et une superficie d'environ 253.667 hectares dont plus de 100.000 sont cultivés. Elle renferme actuellement 210.000 habitants sur lesquels on compte 60.000 blancs et 60.000 engagés Indiens ou Chinois. Le reste comprend des nègres, des mulâtres, des Cafres et des Malgaches. En 1841 la population de La Réunion s'élevait à 100.000 habitants, en 1827 à 88.581 en 1788 à 46.016 et en 1767 à 25.576 seulement.

La population de l'île a donc considérablement augmentée depuis un siècle.

Montagnes. — Dans l'intérieur de l'île s'élèvent de hautes montagnes aux flancs déchiquetés et sillonnés de profondes découpures ; leurs sommets révèlent de loin l'existence de l'île. Ces montagnes ne sont que la réunion de deux volcans ; le *Piton des Neiges*, à l'ouest, qui a 3.060 mètres de hauteur et le *Piton de la Fournaise* à l'est, encore en activité, qui s'élève à 2.600 mètres au-dessus du niveau de la mer. Les laves que vomit presque constamment ce volcan, se répandant aux environs, font du pays qui l'environne un désert véritable que les colons appellent « *Le Grand Brûlé* ou le *Pays Brûlé* ».

Citons aussi : *Le gros Morne* et *les Trois Salazes.* Cet amoncellement de montagnes, avec leurs énormes déchirures, leurs débris gigantesques qui couvrent leurs flancs et à travers lesquels s'échappent en grondant de nombreux torrents, offre un spectacle de dévastation et de grandeur dont les Alpes et les Pyrénées elles-mêmes ne peuvent donner une idée.

Mais au fur et à mesure que le terrain s'abaisse

la végétation augmente. Bientôt, au lieu de ces ravins abrupts, de ces abîmes profonds, de ces espaces arides et brûlés qui attristaient la vue, on aperçoit de vastes forêts, de riches plantations et une multitude de maisons de campagne éparpillées dans les plaines.

Rivières, Cours d'eau, Etangs. — De nombreuses rivières sillonnent l'île de toutes parts. Les principales sont : les rivières de *Saint Denis*, des *Pluies*, du *Mât*, qui a un parcours de 40 kilomètres sur 20 mètres de largeur moyenne, de *Sainte-Suzanne* dont le cours présente de très belles cascades. Toutes ces rivières ont un cours très rapide.

L'île possède en outre de nombreux canaux d'irrigation et des étangs poissonneux qui communiquent avec la mer. Les plus grands de ces étangs sont ceux de *Saint-Paul* qui a 16 hectares de superficie et de *Saint-André*.

Productions naturelles, Cultures. — On cultive à la Réunion : le cotonnier qui y a été apporté d'Amérique, la canne à sucre, le tabac, le cacaotier, le manioc, le maïs, le giroflier, le caféier que la Compagnie des Indes y introduisit et qu'elle avait été chercher à Moka, l'arbre à pain, le poivrier, le muscadier, le riz qui est la principale nourriture des noirs qui le mangent tout simplement bouilli dans l'eau et même crû, le cannellier, le mangoustan.

L'Abbé Gallois y planta le chêne de France ; La Bourdonnais, l'indigotier ; le Comte d'Estaing, la noix de Bancoul qui donne une huile analogue à celle du lin ; Desbassyns de Richemont, l'olivier ; le capitaine Philibert, le vanillier, en 1819, qu'il apporta de Cayenne. L'abricotier, le framboisier, l'Amandier, le poirier, le cerisier, le prunier, toutes les plantes potagères, tous les fruits d'Europe se sont acclimatés dans cette île dont la végétation peut, comme on le voit, rivaliser avec celle des contrées les plus favorisées.

Animaux. — Les animaux qui peuplent l'île sont les chèvres sauvages ou cabris que les Portugais y importèrent ; les lièvres, en assez grand nombre, mais depuis un demi siècle seulement ; des hérissons d'une espèce particulière que les noirs appellent tangues et dont ils mangent la chair ; le cheval originaire de Java et importé par les Portugais ; l'âne, originaire d'Arabie ; le Mulet, le bœuf, le lapin, le chien, le chat, le porc originaire de France et de Chine ; le cochon d'inde et le mouton.

Parmi les oiseaux, on remarque : le perroquet originaire d'Afrique, la tourterelle, le martin, destructeur d'insectes, le gobe-mouche, le merle, la caille, le bengali etc.....

La volaille y est très abondante.

Sur les côtes on pêche des baleines, mais assez rarement ; des requins, des thons, des maquereaux, des raies, des sardines, des homards, des crabes, des chevrettes ; dans les rivières : des carpes et des anguilles très grosses.

Parmi les insectes très nombreux dans l'île citons : les abeilles qui y ont été importées depuis le commencement du dix-septième siècle et qui donnent un miel parfumé et délicieux ; la cochenille du Nopal qui y a été naturalisée depuis cent ans environ ; des fourmis, des kakerlats, des moustiques et des scorpions dont la piqûre est très venimeuse.

Minéraux. — Le sol de la Réunion renferme des carrières très riches en pouzzolane mais on n'y trouve aucun gîte important de substances métalliques.

Climat. — Bien que placée sous la zone torride, la Réunion a un des climats les plus sains du monde. La chaleur y est tempérée par une brise du Sud-Est que les marins appellent « vents généraux » et par une brise de terre pleine de fraicheur.

Les maladies endémiques n'y existent pas. Une épidémie de choléra morbus a ravagé l'île en 1820, mais ce terrible fléau y avait été introduit par un navire Anglais qui venait de l'Inde.

La température moyenne y est de 25° 03 centigrades ; la hauteur moyenne du baromètre de 75 centimètres.

Les ras de marée qui se produisent de Mai à Juillet sont à redouter sur les côtes ainsi que les ouragans moins fréquents cependant qu'à l'île Maurice. On cite l'ouragan du 28 Février au 1er Mars 1818 comme l'un des plus terribles qui se soit abattu sur l'île.

Divisions, Villes, Bourgs. — *Saint-Denis* est chef-lieu de la colonie, siège du gouvernement et évêché. Cette ville peuplée de 36,000 habitants renferme comme monuments ou établissements dignes d'être cités : Le palais du gouvernement, l'évêché, l'hôpital, l'arsenal et le lycée. On y remarque un jardin public qui mérite une mention spéciale pour la richesse des collections botaniques qu'il contient et ses belles allées ombreuses qui forment une promenade ravissante.

Saint-Denis est en même temps que capitale le principal port de la colonie. Son entrée est assez dangereuse mais les travaux qu'on y a exécutés et qu'on doit continuer en rendront l'accès beaucoup plus facile qu'autrefois.

Saint-Pierre, chef-lieu d'arrondissement, compte 28,000 habitants. On y a fait de grands travaux pour la création d'un port.

Saint-Paul, située au sud de l'île, à 30 kilomètres de Saint-Denis a 25,000 habitants. Cette ville qui est bâtie entre la mer et un vaste étang possède une belle église en pierre.

Saint-Joseph et *Saint-Philippe* sont des localités de peu d'importance.

Sainte-Marie, sur la rivière de ce nom, à 10 kilomètres environ de Saint-Denis compte environ 3,000 habitants et possède un petit port.

Sainte-Suzanne à quelques kilomètres de Sainte-

Marie, près de la Pointe française, est remarquable par la beauté de ses environs ; elle est entourée de plaines verdoyantes d'un aspect très pittoresque.

Saint-André est une petite ville située sur le Mât, à 8 kilomètres environ de Sainte-Suzanne.

Saint-Benoît (20.000 habitants), est à quelques kilomètres de Saint-André.

Salazie, petite ville de l'intérieur, est renommée par ses eaux thermales et son hôpital.

Citons encore *Saint-Leu* et *Sainte-Rose*.

Commerce général. — Mouvement commer_cial de La Réunion avec la France, en 1882-1883 : (1)

IMPORTATIONS		EXPORTATIONS	
en 1882	en 1883	en 188	en 1883
8.392.000ᶠ	7.832.000ᶠ	15.871.000ᶠ	15.206.000ᶠ

La Réunion nomme deux députés. (Loi du 16 Juin 1885).

HISTOIRE. — L'île de La Réunion où les Français descendirent pour la première fois en 1654, mais sans s'y établir, fut découverte, en 1545, par le navigateur portugais, Don Juan Mascarenhas, d'où son nom primitif de Mascareigne. Abandonnée par les Portugais, l'île qui était déserte et couverte de bois où fourmilllaient des oiseaux que n'effrayait nullement l'approche de l'homme et dont la végétation était alors très pauvre, fut occupée en 1663 par deux français, dont l'un s'appelait Payen, sept noirs et trois négresses

(1) Nous devons ces renseignements, comme beaucoup d'autres, à l'obligeance de M. Pierre Legrand, ministre du Commerce, auquel nous adressons ici nos plus sincères remerciements.

de Madagascar. Les noirs se mutinèrent bientôt contre leurs maîtres et se réfugièrent dans les montagnes de l'intérieur où en se multipliant ils donnèrent naissance à ces sortes de tribus sauvages et insoumises appelées « nègres marrons ». Louis XIV en 1665, concéda Madagascar et ses dépendances dont Bourbon faisait partie à la Compagnie des Indes orientales qui s'établit dans cette dernière île et y envoya un commandant avec une vingtaine d'ouvriers de tous les métiers. Payen dépossédé rentra en France où il vécut en ermite. La chute de nos établissements de Madagascar accrut la population de la Réunion qui, sous l'administration habile de La Bourdonnais arriva bientôt à une grande prospérité. Poivre qui succéda à l'illustre malouin importa dans l'île plusieurs végétaux de la plus grande utilité et fut le bienfaiteur nonseulement de La Réunion mais aussi de l'Ile-de France qui nous appartenait encore.

Les créoles de La Réunion se sont fait remarquer de tout temps par leur bravoure et leur attachement à la Métropole. Un grand nombre d'entre eux prirent part, en qualité de volontaires, aux glorieuses batailles navales que le Bailli de Suffren livra aux Anglais dans la mer des Indes, pendant la guerre de l'indépendance américaine. Lors des grandes guerres de la Révolution et de l'Empire, les bourboniens se défendirent longtemps victorieusement contre les forces anglaises, mais accablés par le nombre, privés de tout secours, ils ne purent continuer la lutte. Ils obtinrent le 8 juillet 1810 une capitulation honorable que signa le colonel de Sainte-Suzanne qui les commandait. L'Ile-de-France qui avait combattu non moins glorieusement fut prise le 3 décembre de la même année et ne nous a pas été rendue. Le traité de Paris (1815) nous assura définitivement la possession de La Réunion.

Nous ne terminerons pas cet aperçu historique sans rendre un nouvel hommage au patriotisme des créoles de la Réunion qui viennent s'engager en foule dans les rangs de la petite armée française qui combat actuellement à Madagascar.

Ste-MARIE DE MADAGASCAR

Sainte-Marie ou Nossi-Burra est une petite île située à environ 3 lieues de la côte Nord-Est de Madagascar, en face de Tintingue. Elle renferme 6,900 habitants.

Ses côtes offrent d'excellents mouillages.

La partie septentrionale de l'île est couverte de bois épais et de marais dont les exhalaisons sont très malsaines, la partie méridionale au contraire a des plaines fertiles, des collines découvertes et peu de marécages ; le climat y est assez sain.

Le bananier, le citronnier et la plupart des espèces végétales qui croissent à Madagascar s'y trouvent en abondance.

Cette île qui a pour chef-lieu Port Louis et qui est peuplée en grande partie de réfugiés malgaches et de créoles venus de La Réunion est importante en raison de sa proximité des côtes de Madagascar où notre intérêt est de nous établir solidement.

MAYOTTE

Mayotte, l'une des Comores, est située a l'issue du canal de Mozambique, à 300 kilomètres à l'ouest de Madagascar et appartient à la France depuis 1843. Cette île a une population de 10 à 12,000 habitants composée d'Arabes, de Sakalaves et de Français. Elle est enveloppée par une ceinture de récifs parmi lesquels se trouvent les îlots de *Pamanzi, Dzaoudzi, Rouzi,* et *Zambourou* qui offrent de très bons mouillages. On cultive à Mayotte la canne à sucre, le café, la vanille et le riz.

Le chef-lieu est *Dzaoudzi,* bon port, bien fortifié.

NOSSI-BÉ

Nossi-Bé est située au nord ouest de la côte de Madagascar. Elle a 22 kilomètres de longueur sur 15 de largeur et compte 15000 habitants : Sakalaves et Français.

On y cultive le sucre, le riz, le café, l'indigo. Cette île a des relations commerciales assez importantes avec Nantes, Marseille et La Réunion.

Le chef-lieu est le petit port d'*Hellville*, au sud.

Du gouvernement de Mayotte dépendent les petites îles de *Nossi-Kumba*, *Nossi-Mitsiou et Nossi-Falli* peuplées de Sakalaves qui y ont cherché un refuge contre les persécutions haineuses des Hovas.

Mouvement commercial de Mayotte et de Nossi-Bé avec la France en 1882-1883 :

IMPORTATIONS		EXPORTATIONS	
en 1882	en 1883	en 1882	en 1883
376.000^f	328.000^f	4.170.000^f	3.705.000^f

MADAGASCAR

GÉOGRAPHIE. — **Situation géographique, Superficie, Population.** — L'île de Madagascar est située entre les 11° 57' et 25° 45' de latitude sud et les 40° 50' et 48° 10' de longitude Est, à 150 lieues de l'île de La Réunion, à 85 lieues de la côte orientale d'Afrique, au cap Saint-André, à 3380 lieues de Brest et à vingt jours de Paris par le Canal de Suez. Elle a 1400 kilomètres de longueur sur 400 à 480 kilomètres de largeur et une superficie de 692.000 kilomètres carrés, environ. Sa population de quatre à cinq millions d'habitants comprend trois races principales : les Malgaches ou Madécasses qui vivent surtout à l'est ; les Sakalaves à l'ouest et les Hovas, au nombre d'environ 800.000 qui habitent les hauts plateaux de l'intérieur.

Montagnes. — Une double chaîne de montagnes dont les sommets culminants s'élèvent jusqu'à 2500 mètres au-dessus du niveau de la mer traverse l'île du nord au sud, du cap d'Ambre au cap Sainte-Marie, et forme vers le centre le plateau d'Ankova où est située Tananarivou, capitale des Hovas. La région du nord et de l'est assez tourmentée est de formation granitique ; la région du sud-Ouest au contraire est relativement plate et appartient aux terrains secondaires ; elle renferme d'assez belles plaines.

En allant de l'ouest vers l'est on rencontre plusieurs chaînes de montagnes séparées par des plaines arides et sablonneuses coupées de ravins. Ces montagnes ont des altitudes de 1000 à 1200 mètres.

Rivières, Cours d'eau. — Le versant oriental renferme un assez grand nombre de rivières et de ruisseaux tandis que le versant occidental plus étendu en contient peu. On parcourt des espaces de côtes de 200 kilomètres sans rencontrer un ruisseau. Aussi la région de l'est renferme-t-elle de magnifiques rivières alors que l'ouest n'est guère habité et cultivé que le long des rares cours d'eau qui s'y trouvent.

Les principaux cours d'eau sont : au N.-O., le *Manambaho* et l'*Ikoupa* ou *Betsibouka*; au N.-E., le *Mankourou* et le *Manangourou*; à l'ouest, le *Tsidsoubon*.

Il y a de grands lacs à Madagascar. Le lac d'*Antsianake* a 25 lieues de circonférence.

Côtes. — Les côtes de Madagascar offrent de

nombreuses baies et rades ; ce sont au nord-est, près du cap d'Ambre, celle de *Diègo-Suarez;* à l'est, celles d'*Antongil*, de *Tamatave*, de *Sainte-Luce* ou de *Mangafiata;* au sud, celles de *Fort-Dauphin* et des *Galions;* à l'ouest, celles de *Saint-Augustin*, de *Bombetok*, de *Mazemba*, de *Marriuda*, de *Passandava* et de *Tschimpayki*.

Productions naturelles, Cultures. — Madagascar contient d'immenses forêts où la végétation est exhubérante. La flore de l'île est une des plus variées et des plus riches qui soit au monde.

On y récolte du maïs, du riz, de l'orge, du blé, du millet, du manioc, des pommes de terre, des patates, des ignames, des fèves, des légumes de toutes sortes, du poivre, du gingembre, des bananes, des cocos, des dattes, des ananas, des figues, des grenades, des oranges, des citrons, de la cannelle, du tabac, de l'indigo, du curcuma, du café, du sucre et tous les fruits qui naissent sous les zones chaudes et tempérées.

Animaux. — On élève à Madagascar, surtout dans la partie centrale où se trouvent d'excellents pâturages, des bœufs que l'on exporte en assez grande quantité, des moutons à grosse queue, des onagres, espèce d'ânes sauvages remarquables par la grandeur de leurs oreilles, des abeilles et des vers à soie.

Bien que Madagascar soit une des plus grandes îles du monde et qu'elle renferme de grandes forêts on n'y rencontre pas d'animaux féroces. Le lion, le tigre, la hyène y sont inconnus. On y trouve seulement le maquis, l'aye aye, une espèce de caïmans assez inoffensive, des hippopotames et de grands chats sauvages qui se nourrissent d'oiseaux.

On pêche parfois aux abords de l'île qui sont très poissonneux des baleines d'un genre particulier.

Minéraux. — Le sol de Madagascar renferme du fer de bonne qualité, du cuivre, du plomb argentifère, de l'étain, du mercure, de la houille au N.-O.

surtout, du kaolin, du cristal de roche, du sel gemme et des eaux thermales

Climat. — Sur les plateaux le climat est très sain, mais sur les côtes règnent des fièvres paludéennes qui sont dues aux nombreuses lagunes qui les bordent et dont les eaux stagnantes, faute d'issue vers la mer, s'échauffent au soleil et dégagent des miasmes dangereux. En ménageant à ces marécages un écoulement facile on arrivera sans nul doute à supprimer la cause de toutes ces fièvres que redoutent les Européens.

Origine, mœurs et coutumes des habitants, Religion. — Comme nous l'avons déjà dit la population de l'île se divise en trois races principales : les Malgaches proprement dits, les Sakalaves et les Hovas.

Mais ces trois races se subdivisent en un grand nombre de tribus. Les Malgaches appelés encore Betsimaracs, comprennent : les Antakars, les Antavarts, les Betanimènes, les Ambanivantes, les Bezouzous, les Antacayrs, les Affravarts, les Antatchimes, les Anteimoures, lesTsavouaï, les Tsafati, les Antarayes et les Antanosses.

Les Sakalaves comprennent : les Andraïvoulas, les Antifihérénanes, les Mahafales et les Antandrouis.

Les Hovas : les Antscianacs, les Betsilés, les Androys, les Vourimes, les Antampates et les Caremboules.

Les Malgaches ou Betsimaracs qui habitent la partie orientale et qui paraissent être les véritables habitants indigènes sont de race éthiopienne. Ils ont la peau d'un noir qui se rapproche du marron foncé, la chevelure épaisse et touffue, mais non laineuse.

Les Sakalaves qui peuplent l'ouest et dont nous avons fait nos alliés ont la peau noire et le type africain. Ils descendent très probablement d'un mélange de nègres de la côte d'Afrique et de Malgaches.

Les Hovas qui habitent les plateaux de l'intérieur descendent des Malais (d'autres disent des Arabes) dont ils ont conservé à peu près les caractères distinctifs. Ils ont les yeux allongés et bridés, les pommettes saillantes, les cheveux lisses et raides, le teint d'une couleur jaune cuivrée. Ils sont plus intelligents et plus énergiques que les Sakalaves et les Malgaches. Rusés, perfides, mais persévérants et belliqueux, les Hovas ont soumis une grande partie de l'Ile et en revendiquent la propriété tout entière bien que la partie sud soit encore gouvernée par un assez grand nombre de chefs indépendants.

Les indigènes qui vivent sur les côtes où nous avons des établissements et que nous sommes par suite à même de mieux connaître que les autres peuplades de l'intérieur, si nous exceptons les Hovas qui sont arrivés déjà à un degré marqué de civilisation, sont généralement bien proportionnés, doux, hospitaliers, intelligents et susceptibles de civilisation. Les hommes comme les femmes se font remarquer par la blancheur éclatante de leurs dents ; leur sourire est aimable, parfois même spirituel. Ils se familiarisent vite avec les Européens. Une fille madécasse comme une sénégalaise se trouve fort honorée quand un blanc veut bien la prendre temporairement pour femme.

Les hommes sont aventureux et batailleurs.

La langue des habitants de Madagascar est douce, harmonieuse. Leurs chants sont empreints d'une douceur mélancolique qui ne manque pas de charme.

Le costume des Madécasses est simple et commode. Il se compose, pour les hommes : d'une large ceinture d'étoffe blanche dont ils entourent leurs reins, d'un espèce de manteau appelé « Simbou » d'un bonnet de forme carrée ; pour la femme : du simbou également, d'un étroit jupon et d'une sorte de camisole généralement de couleur bleue. Elles portent des boucles d'oreilles, des colliers et des bracelets en verroterie. Les deux sexes se tatouent les bras et les jambes.

A Tananarive les Hovas des classes riches ont pris le costume européen.

Le fétichisme le plus grossier est le fond de la

religion des habitants de Madagascar. Cependant Ranavalo II, reine depuis 1868, fit brûler les idoles, détruire les dieux de l'ancien culte et imposa la religion chrétienne à son peuple. Le culte officiel, ouvrage des missionnaires anglais, est le presbytérianisme. Cependant 10.000 individus professent le catholicisme.

Divisions, Villes, Bourgs. — [Les villes ou bourgs principaux de l'île sont : *Tananarive* ou *Tananarivou*, capitale des Hovas, dans la province d'Ankova.

Cette ville est construite sur le sommet d'une montagne de granit aux pentes escarpées. De loin l'on aperçoit tout d'abord la masse grise du Palais royal, vaste bâtiment d'une architecture originale et les clochers aigus des églises méthodistes. Sur les flancs de cette montagne fourmillent les cases faites de terre pétrie et couvertes de paille qui forment les faubourgs de la capitale. Au centre de Tananarive se trouve la place d'Andahalo, quartier des ministres et des grands personnages du royaume. Il n'y a pas de rues proprement dites dans cette ville qui ressemble plutôt à un immense bourg ; les maisons s'y pressent les unes contre les autres comme les alvéoles d'une ruche et ne laissent entre elles que d'étroits passages.

Tout autour de ce plateau s'étendent de vastes plaines déboisées, parsemées de lacs et de rivières et fermées à l'horizon par un cercle de montagnes d'un bleu sombre. Dans les fermes qui avoisinent la capitale pullulent les canards, les oies, les poules et tous les animaux utiles qui font l'orgueil de nos basses-cours d'Europe.

C'est à Tananarive que nous devons aller si nous voulons consolider nos établissements de Madagascar. Là, seulement, nous pourrons imposer nos conditions aux Hovas d'ume manière efficace. Mais le trajet qui sépare cette ville de la côte, plus de 70 lieues, est un obstacle que nous n'arriverons à surmonter qu'avec des forces relativement considérables.

On compte à Tananarive 80.000 habitants.

Tamatave, 3000 habitants.

Tamatave est un port important de la côte orientale qui fait un commerce actif de bœufs, surtout avec les Seychelles, l'Ile de France et La Réunion. Les environs de Tamatave comptent parmi les plus fertiles de l'île. Cette ville que nous occupons actuellement fut embellie et agrandie autrefois par un mulâtre français du nom de Jean René qui s'y était établi sous le règne de Radama.

Foulpointe et *Fort-Dauphin* au sud-est.

Tintingue, sur la côte orientale, en face de Sainte-Marie, résidence du chef des Antavarts.

Sur la côte occidentale : *Boyna, Mazangaye,* dont on évalue la population à 30.000 habitants et qui est la ville la plus commerçante de ce côté ;

Bambetok, Boueni, au nord-ouest, dont le chef s'est placé sous notre protectorat en 1859 ;

A l'intérieur : *Ménabé, Ambatumena* et *Salube,* vers le sud.

HISTOIRE. — Madagascar citée au XIII⁰ siècle par Marco Polo fut découverte en 1506, les uns disent par Fernand Suarez, les autres par le Portugais Ameilda Lorenzo. Cependant il y a lieu de croire que cette grande île était déjà connue des Arabes et même des Romains et des Grecs sous le nom de « Taprobane ». Les Français s'y établirent pour la première fois en 1642 et y fondèrent Fort-Dauphin au sud-est. La Compagnie des Indes représentée dans ces parages par de Pronis, Flaccourt et Chamargon eut à repousser plusieurs attaques des naturels et Fort-Dauphin sauvé une première fois par Flaccourt ne dut son salut en 1652 qu'à l'intervention d'un français, Levacher dit « Lacase » qui, de simple soldat, était devenu roi d'une tribu de Malgaches et avait épousé la fille du souverain d'Amboule. La colonie végéta en paix jusqu'en 1667. Mais à cette époque un soulèvement général des indigènes nous chassa de Fort-Dauphin où tous les Français qui s'y trouvaient furent massacrés. Au nombre des victimes fut l'héroïque Lacase. La Compagnie découragée vendit ses droits à la couronne. Néanmoins tout projet de colonisation fut abandonné pendant un siècle. De nouvelles tentatives avaient échoué en 1768. C'est alors que la Compagnie des Indes s'installa à Sainte-Marie, petite île située en face de Tintingue au sud de la baie d'Autongil. Le nom primitif de cette île « Nossi-Ibrahim », prouve bien l'existence d'une domination arabe. Le Fort-Dauphin, notre premier établissement, fut donc délaissé.

Depuis lors aucun événement n'est à signaler dans ces parages jusqu'en 1814. A cette époque l'amiral Hamelin occupa Foulpointe et Tamatave. Comme le traité de 1815 ne stipulait rien au sujet de Madagascar, nous continuâmes à considérer comme nôtres les différents postes que nous y avions établis. Mais les Anglais, nos éternels rivaux, s'introduisirent dans l'île et, à force de promesses et de cadeaux s'emparèrent de l'esprit du roi des Hovas, Radama, qui, avec leur aide, étendit son pouvoir sur la presque totalité de l'île, poursuivant ses conquêtes jusqu'à la limite de nos établissements.

Radama encouragé par des succès faciles nous chassa successivement de Foulpointe, de Pointe-Larrée, de Tintingue et de Fort-Dauphin. Les chefs de notre colonie ainsi que leurs soldats étaient morts décimés par la maladie et aucune vengeance ne fut tirée de ces insultes pendant plusieurs années.

Cependant un ancien soldat du premier Empire, un nommé Robin, avait su par sa bravoure et ses services, s'attirer les bonnes grâces de Radama et contrebalancer l'influence anglaise, lorsque ce souverain remarquable mourut empoisonné en 1828.

La reine Ranavalo Mangoka qui avait trempé dans la mort de Radama à l'instigation de son amant, un élève des missionnaires anglais, lui succéda. Alors l'influence de l'Angleterre prévalut. Les exécutions commencèrent ; le sang coula à flots et Sainte-Marie devint le refuge des malheureux que poursuivait la haine de Ranavalo.

En 1829, une division française composée d'une frégate et de plusieurs corvettes sous les ordres de l'amiral Gourbeyre s'empara de Tintingue et de Tamatave après un combat meurtrier, mais échoua devant Foulpointe, grâce à une ruse des Hovas qui, cachés dans les bois, foudroyèrent avec huit pièces de canon chargés à mitraille un corps de troupes de débarquement formé en grande parti de Yolofs et nous obligèrent à la retraite. Les maladies devinrent de précieux auxiliaires pour les Hovas et dès 1831 les derniers soldats français qui occupaient Tintingue se retirèrent à Sainte-Marie.

Cependant nous ne perdions pas de vue nos droits séculaires sur les différents points de la côte où nos pères avaient créé leurs premiers établissements et nous recherchâmes l'alliance précieuse des Sakalaves persécutés par les Hovas et impuissants à se défendre seuls contre eux. Le 14 juillet 1840, la reine des Sakalaves, Tsioumeka céda solennellement à la France tous ses droits de suzeraineté sur les pays situés sur la côte ouest de Madagascar, depuis la baie de Passandava jusqu'au cap Saint-Vincent ainsi que sur les îles de Nossi-Bé et de Nossi-Kumba. Quelques années plus tard, en 1846, le chef de la province du nord-est ainsi que d'autres chefs réfugiés à Nossi-Bé afin d'échapper aux persécutions des Hovas cédèrent à la France tous leurs droits personnels. La cession de ces territoires fut confirmée en 1848 par le prince Tsimandrou et la reine Panga.

En 1860 les traités conclus par le commandant Fleuriot de Langlé avec les chefs de la côte sud-ouest ont ouvert au commerce français, en franchise de droits d'ancrage, les baies et ports de Mazi-Boura, Salor, Saint-Augustin, Tolia et Manambou. Enfin en Août 1868 un traité fut signé entre nous et le gouvernement de Tananarive qui reconnaissait expressément aux Français le droit de fonder des établissements dans l'île, d'acquérir et d'y prendre à bail des immeubles. Protection pour leurs personnes, leurs familles et leurs biens était formellement promise.

Les Hovas avec leur duplicité habituelle violèrent ce traité de plusieurs façons. En 1878, lorsque M. Laborde, consul de France a Tananarive, mourut, les Hovas refusèrent de rendre compte aux héritiers de notre compatriote des biens immeubles qu'il a laissés à Madagascar. Sous l'inspiration de l'Angleterre qui s'est emparé par ses missionnaires méthodistes du moral des populations, de l'armée par ses instructeurs, et qui s'efforce par l'envoi d'ouvriers de façonner les naturels aux mœurs et à l'industrie anglaise, la Reine Ranavalo a pris vis-à-vis de la France une attitude franchement hostile. Non contents de déchirer le traité de 1868, ses ministres interdirent aux Malgaches, sous peine de dix ans de fer, et même des fers à vie, de vendre leurs terres aux étrangers, c'est-à-dire aux français.

L'insolente prétention des Hovas d'arborer leur pavillon sur les territoires du nord et les îles voisines qui, sans parler de nos droits séculaires, nous appartiennent légitimement depuis 1840, ajouta à l'émotion causée par l'affaire Laborde et décida le gouvernement à agir plus vigoureusement que par le passé. Vers cette même époque les Hovas cherchèrent également à établir leur domination sur les côtes de l'ouest et du sud-ouest, mais ils trouvèrent les peuplades de Baly, prêtes à leur résister.

Le 25 avril 1882, M. de Freycinet écrivit au consul de France à Tananarive de faire des représentations amicales au gouvernement d'Imerne, mais celui-ci joua l'étonnement, traîna les choses en longueur puis finalement refusa d'enlever le pavilllon Hova des points contestés et nia nos droits sur la côte ouest.

Le Consul de France, M. Baudrais, devant l'attitude menaçante de la population fut obligé de quitter Tananarive. Il arriva à Tamatave le 29 mai. Un de nos compatriotes, M. Campan, menacé de mort, fut forcé de prendre la fuite également. Peu de jours après leur départ on trouva sur la route de Tananarive le corps mutilé d'un français appartenant à la Compagnie Roux et Fraissinet.

A la suite de ces évènements le capitaine de vaisseau, Timbre, commandant le « Forfait », enleva sans coup férir le drapeau hova planté à Ampassimène, village de la reine Binao, dans la baie de Passandava, et à Behamaranga, puis rentra à Nossi-Bé.

Effrayés par cet acte de rigueur, les Hovas envoyèrent à Paris et à Londres une ambassade qui ne produisit aucun résultat.

L'organisation d'une division navale fut alors décidée et le commandement en fut confié à l'amiral Pierre, mort depuis. [1]

Le 15 février 1883, le contre-amiral Pierre partait de Toulon sur la « Flore » muni des instructions du gouvernement et dès le 18 mai s'emparait de vive force de Mazangaye que défendaient plus de 2000 Hovas. Arrivé en rade de Tamatave l'amiral Pierre adressa un ultimatum à Ranavalo lui demandant satisfaction pour les héritiers Laborde et l'invitant à reconnaître nos droits. Les Hovas ayant refusé d'accepter nos conditions, la « Flore » le « Forfait », le « Boursaint », le « Beautemps Beaupré », la « Nièvre » et la « Creuse » ouvrirent le feu sur le fort et les batteries de Tamatave. Le bombardement dura toute la journée du 10 juin. Le lendemain, 11, 400 marins et 400 hommes d'infanterie de marine descendirent à terre et occupèrent la ville sans résistance. Tamatave et Mazangaye sont aujourd'hui administrés à la française. Elles ont leur maire, leur conseil municipal, leur juge de paix et leur capitaine de port. Nous avons occupé également dans ces derniers temps les districts de Vohémar et de Diégo Suarez dans la baie de Passandava. Nos troupes ont construit le fortin d'Amboudimadirou dans le but de protéger les Sakalaves

---

(1) C'est le vice-amiral Miot qui a remplacé l'amiral Pierre dans les eaux de Madagascar.

contre les attaques des Hovas et leur permettre de se livrer en paix à la culture du riz.

Il faut espérer qu'une expédition à Tananarive même aura bientôt raison de nos implacables ennemis et nous assurera la possession de la partie la plus riche de cette île, l'une des plus belles et des plus grandes du monde.

La solidité de nos établissements à Madagascar dont les côtes offrent d'excellents mouillages pour les vaisseaux de tout rang est d'ailleurs une question capitale au point de vue de la stratégie maritime. Cette grande île si riche en productions de toutes sortes, placée sur la route des Indes par le cap de Bonne-Espérance offrirait à notre flotte, en cas d'une guerre avec l'Angleterre, des points de relâche et de ravitaillement qui nous font défaut aujourd'hui dans ces parages. De Madagascar nous menacerions les Seychelles, l'île Maurice, le Cap et même les Indes. Son abandon, dans la même hypothèse entraînerait presque fatalement la perte de nos vieilles colonies de La Réunion, de Sainte-Marie, de Mayotte et de Nossi-Bé.

La Chambre des députés a d'ailleurs voté au mois d'Août 1885 les crédits nécessaires pour la continuation de notre expédition à Madagascar.

LE CONGO

Le Congo dont l'embouchure est située par le 6e degré de latitude Est et qui a 11 kilomètres de largeur est le plus grand fleuve de l'Afrique après le Nil. Il a donné son nom à la région qu'il arrose. Depuis quelques années les efforts de nos explorateurs, principalement ceux de Monsieur de Brazza, se sont portés de ce côté. De vastes territoires ont été conquis sur les bords du fleuve ; des traités ont été passés avec un grand nombre de chefs indigènes qui ont reconnu notre protectorat ; il nous a donc paru non-seulement intéressant mais nécessaire de décrire avec le plus d'exactitude possible les péripéties les plus saillantes

du voyage de Monsieur de Brazza à travers ces contrées imparfaitement inexplorées avant lui et où il
nous a ouvert pacifiquement un marché des plus
considérables. De 1875 à 1878, pendant que l'américain Stanley, escorté d'une forte troupe armée
traversait rapidement l'Afrique équatoriale de Zanzibar au Congo, semant la terreur sur ses pas, livrant
chaque jour aux noirs de sanglants combats, Monsieur
Savorgnan de Brazza explorait péniblement le haut
Ogôoué et les plateaux qui séparent son bassin de
celui du Congo (Zaïre), se dirigeait à pied, presque
seul, vers l'est, découvrait l'Alima, échappait à la
fureur des Affourous que sa magnanimité et son attitude pacifique n'avaient pu désarmer et atteignait les
bords de la Licoua. Mais malade, épuisé, il se voyait
obligé de rentrer en France.

Digne émule de Livingston et de Cameron il ne
resta pas longtemps en repos et se mit à la disposition
du Comité français de l'Association internationale
africaine pour choisir les emplacements de diverses
stations sur l'Ogôoué et le Congo. Le parlement vota
une subvention de 100.000 francs pour ce voyage.

M. de Brazza partit le 27 décembre 1879 avec deux
européens et arriva sans encombre au confluent de
l'Ogôoué et de la rivière Passa, dans un pays salubre, fertile et habité par une population de mœurs
douces et pacifiques. Il y fonda la première station
qu'il appela « Franceville ». Ce point est en communication fluviale avec notre colonie du Gabon sur un
parcours de 815 kilomètres ; 120 kilomètres le
séparent de l'endroit où l'Alima devient navigable.
Puis, sans attendre le docteur Ballay, l'un des européens qui devait l'accompagner, il fit partir, sous la
conduite du mécanicien Michaud, un convoi de 44
pirogues montées par près de 800 indigènes. C'était
la première fois qu'un convoi aussi considérable parcourait librement le cours de l'Ogôoué. Les peuplades
qui lui livraient passage sans opposition reconnaissaient donc déjà la liberté de la navigation sur ce

fleuve et a abandonnaient les monopoles particuliers à chacune d'elles qui entravaient et rendaient presque impossibles les transactions commerciales.

Laissant à Franceville son second compagnon, le contre-maître Noguez, Monsieur de Brazza se mit en route pour le Congo.

Les Batékès, les Achicouyas et les Abomas, les noirs les plus beaux et les plus courageux que l'on rencontre du Gabon au Congo, l'accueillirent avec bienveillance. Après avoir parcouru sans incidents remarquables plus de 500 kilomètres dans une région totalement inconnue, il entra dans le pays de ces terribles Oubandjis qui, deux ans auparavant, avaient voulu se venger sur lui des pertes cruelles que Stanley leur avait infligées dans une foule de combats. De Brazza aurait pu les châtier cette fois mais il préféra agir avec douceur. Cette conduite sage porta ses fruits et il reçut en route un émissaire du fameux roi Makoko dont les états s'étendent sur les rives du Zaïre, immédiatement au-dessus des cataractes. Cet ambassadeur lui adressa les paroles suivantes : « Mon souverain, le grand roi Makoko, a entendu parler depuis longtemps du grand chef blanc de l'Ogôoué ; il sait que ses terribles fusils n'ont jamais servi à l'attaque, qu'il respecte les noirs et que la paix et l'abondance accompagnent ses pas. Il me charge de te porter des paroles de paix et de te guider en ami à travers son royaume.»

Monsieur de Brazza, enchanté du succès de sa politique pacifique, suivit son nouveau guide avec la plus entière confiance. Sous sa conduite il traversa des régions inhabitées, arides, desséchées par un soleil de feu ; il se croyait même égaré et trahi, lorsque soudain, un panorama splendide frappa ses regards. Du plateau élevé où il se trouvait il aperçut le Congo coulant paisiblement à travers d'immenses plaines verdoyantes ; sur ses rives fourmillaient les Oubandjis qui semblaient disposés à s'opposer une seconde fois à sa marche en avant. Monsieur de Brazza leur envoya une cartouche et un drapeau tricolore, signes de paix ou de guerre, puis, sans attendre le résultat de leurs réflexions, se dirigea vers la capitale de son nouvel et puissant ami, le roi Makoko, près duquel il fut introduit en grande cérémonie. Le monarque africain le reçut, entouré de sa famille et de ses ministres, assis sur une peau de lion et revêtu des insignes de la royauté. Monsieur de Brazza lui persuada bientôt de se mettre sous la protection de la France, lui assurant qu'il ne serait plus inquiété par les blancs dès que le drapeau tricolore flotterait à la porte de son palais. En échange de cette protection, le roi Makoko nous concéda un vaste territoire sur la rive droite du Congo. Un traité fut conclu dans ce sens. Le 10 septembre 1882, dans une assemblée générale de tous les chefs Batékès, Makoko remit un peu de terre renfermée dans une boîte en fer blanc à Monsieur de Brazza, en signe de prise de possession, et notre compatriote de son côté lui donna un drapeau tricolore.

Après avoir conclu ce traité, Monsieur de Brazza se rendit chez les Oubandjis afin de connaître leurs intentions. Ceux-ci, après une discussion assez vive dans laquelle les chefs manifestèrent hautement leur colère contre les procédés de M. Stanley, se décidèrent à signer la paix.

L'expédition débarrassée de toute crainte descendit alors le Congo qui, après avoir coulé pendant longtemps entre des berges élevées et distantes d'environ deux kilomètres, s'élargit tout d'un coup et est divisé en plusieurs bras par de nombreuses îles formant une sorte de grand lac que le voyageur américain a appelé Stanley-Pool et que les indigènes désignent sous le nom de Ncouma. Sur la rive droite se trouve Ntamo, village qui se trouve avant les cataractes et qui est la clef du Zaïre supérieur. M. de Brazza désirant s'en emparer pour assurer la neutralité du commerce convoqua les chefs des villages voisins tributaires du roi Makoko et, dans une assemblée générale, leur fit entendre qu'il prenait possession, avec l'assentiment de leur souverain, des territoires situés sur la rive droite du Congo, entre les rivières Djoué et Impila. Le drapeau tricolore fut aussitôt arboré sur la principale case de N'tamo que la Société de Géographie nomma « Brazzaville ». Monsieur de Brazza, sans se laisser déconcerter par d'injustes attaques, continua ses conquêtes pacifiques à travers ces vastes régions que traverse le plus grand fleuve de l'Afrique. Il avait parcouru, escorté seulement de dix tirailleurs sénégalais, plus de 700 kilomètres de pays, se heurtant à chaque pas à des peuplades à demi sauvages encore sous le coup de la terreur que leur avait inspirée le passage de M. Stanley et par suite animés des sentiments les plus hostiles contre les blancs, et cela sans tirer un coup de fusil !

Le 3 août 1885 la Chambre des députés reconnaissant les services rendus par Monsieur de Brazza a voté le projet de loi qui porte approbation de l'Acte général de la conférence de Berlin relatif au Congo.

LE GABON ET LES COMPTOIRS

DE LA COTE DE GUINÉE

Le Gabon comprend la partie de la côte occidentale d'Afrique qui s'étend du cap Estéiraz, entre la baie de Corisco et l'embouchure du Gabon ou Ogobaï, jusqu'au cap Lopez. L'estuaire du fleuve forme une rade excellente et très sûre, la meilleure de la côte occidentale dans laquelle viennent se jeter deux rivières principales : La rivière Como et la rivière Ramboë. L'entrée en est facile pour les navires du plus fort tonnage.

Le point le plus important de nos établissements du Gabon est *Libreville*, chef-lieu où réside le gouverneur qui est généralement choisi parmi les officiers supérieurs de la marine. Après, vient *Saint-Louis*.

Au sud du Gabon se trouve l'*Ogoway* ou *Ogôoué*, vers le 1er degré de latitude Sud, dont le delta formé par les rivières de *Wango* et de *Nazareth* a près de

100 milles de largeur et s'étend de Sangatang au cap Sainte-Catherine, renfermant l'île Lopez. Ce fleuve dont les crues ont lieu en octobre, novembre, mars et avril est bordé de grands lacs aux rives couvertes d'arbres à caoutchouc d'une qualité supérieure.

L'Ogôoué est formé par la réunion de deux rivières, l'*Okanda* qui vient du nord-est et le *N'gounyaï* qui vient du sud-est. Le premier blanc qui vit ce fleuve fut l'officier de marine Serval, qui, parti de l'estuaire du Gabon, remonta la rivière Ramboë et traversant des forêts vierges, atteignit ce fleuve dont M. du Chaillu avait soupçonné toute l'importance

Les eaux de l'Ogôoué sont d'une limpidité remarquable mais ont une couleur un peu rougeâtre. Sur ses bords croissent les palmiers, les ébéniers, les arbres à caoutchouc, des bananiers, des maniocs, des patates, des arachides, des ananas, des papayers, arbres dont le fruit ressemble à un petit melon, du chanvre, etc...

Des animaux de différentes espèces, des éléphants, des antilopes, des bœufs sauvages, des sangliers, des cabris, des singes, des gorilles, des oiseaux en grand nombre, vivent dans ces régions où nous étendons de plus en plus notre influence et qui sont remarquablement riches.

Les principales peuplades du pays: les *M'Pougwès*. les *Camas*, les *Orougous*, les *Gallois*, les *Ineuzas*, les *Pahouins* que la couleur claire de leur peau, leurs traits assez réguliers et leur intelligence vive rapprochent beaucoup de l'Européen, ont reconnu la suzeraineté de la France depuis 1862.

Sur la côte *d'Ivoire ou des Dents* se trouvent les Comptoirs fortifiés de *Grand Bassam* et d'*Assinie* avec le port de *Dabou* plus dans l'intérieur, près des lagunes d'Ebrié, dans le royaume d'Amatifou. Ces établissements ont été créés en 1852.

Sur la *côte des Esclaves* nous avons établi des comptoirs à *Why, dah* dont le territoire compte près de 20.000, habitants et à *Porto Novo*; des factoreries à *Grand Popo* et à *Petit Popo* et étendu notre protectorat sur un grand nombre de villages parmi lesquels nous citerons ceux de *Jeoffry*, de *Parko*, d'*Oumé*, de *Pakrio* et d'*Ingo*.

La plus grande partie de cette région, jusqu'aux monts de Kong et de Sarugu est soumise au roi de Dahomey. Le pays est relativement plat, rempli de marécages, mais néanmoins fertile et arrosé par les rivières de Lagos et d'Ogouy. On y cultive le coton, l'indigo, la soie végétale; l'on y récolte des arachides, de l'huile de palme, des patates, des ignames et du manioc. La volaille y est très abondante.

Le roi de Dahomey, célèbre par sa férocité, a, dit-on de 70 à 80.000 sujets et une armée de 20.000 soldats dont 5000 femmes appelées « Amazones ». Le pouvoir du roi est absolu. La religion consiste dans le fétichisme le plus grossier. Les fêtes religieuses donnent lieu à des massacres où le sang coule à flots. Des centaines,des milliers parfois de malheureux y sont égorgés !

Les Amazones dont les voyageurs ont tant parlé et qui font la plus grande force de l'armée du roi, soumises dès leur enfance aux exercices les plus violents, habituées au maniement des armes, vouées à la chasteté la plus rigoureuse, sont encore plus féroces que les hommes.

Ces guerrières noires n'ont plus, d'ailleurs, rien de féminin ; leur éducation spéciale leur enlève tout ce qui fait le charme de la femme. Elles boivent et fument avec une sorte de fureur.

Dès leur jeunesse on les exerce à égorger les blessés et à mutiler les morts afin de les habituer à leur sanglante mission.

Malheur par exemple à l'amazone qui se laisserait séduire ; elle serait immédiatement mise à mort. Malheur à l'homme assez audacieux pour rechercher son amour ; découvert, il est aussitôt mis à nu, enduit de miel, attaché au tronc d'un arbre et exposé aux ardeurs du soleil et à la morsure des insectes et des serpents jusqu'à ce qu'il meure.

LE SÉNÉGAL, GORÉE

ET DÉPENDANCES

GÉOGRAPHIE. — Situation géographique, Superficie, Population. — Nos possessions du Sénégal s'étendent sur la côte occidentale d'Afrique, du cap Blanc, au sud duquel se trouve le Comptoir de Portendick, par le 21° de latitude Nord, jusqu'à la rivière de Saloun, par 14° de latitude Nord, et, dans l'intérieur, sont limitées par la vallée du Sénégal jusqu'aux chutes de Félou et celle de la Falémé qui se jette dans le Sénégal à la hauteur de Bakel.

La population du Sénégal réellement soumise s'élève à 200.000 individus ; celle qui trafique avec nous et reconnaît notre protectorat s'élève à plus d'un million.

Montagnes et Cours d'eau. — Le Sénégal est un pays généralement plat et ne renferme pas de hautes montagnes ; tantôt aride et sablonneux, tantôt arrosé par de belles rivières, il offre presque sans transitions des espaces déserts, brûlés par le soleil et des vallées pleines d'ombre et de fraîcheur. Les principales rivières sont : le *Sénégal* qui reçoit *La Falémé* à la hauteur de Bakel, la rivière de *Saloun* et la *Gambie*.

Productions naturelles, Cultures. — A part les forêts qui produisent le gommier et où les indigènes font leur récolte annuelle, il n'y a pas de grands bois aux environs de nos centres coloniaux du Sénégal, mais dans l'intérieur du pays la végétation est riche et variée. Parmi les arbres qui y croissent, citons: le boabab, le latanier, le gommier, le palmier, le cailcedra ; parmi les arbustes : le khawoar, qui donne un fruit assez semblable aux cerises de France, le henné dont les nègres se servent pour teindre en jaune foncé leurs mains et leurs ongles. Sur les bords des fleuves très nombreux poussent une multitude d'arbres de différentes essences qui fournissent d'excellents bois pour les constructions.

Animaux. — Les principaux animaux qu'on rencontre au Sénégal sont l'éléphant, le lion, le tigre, le sanglier, le buffle, le chat tigre, la gazelle, le cerf, le daim, l'autruche, qu'on appelle aussi outarde, l'aigle ; on y élève des moutons, des bœufs et des porcs. Les chevaux y sont assez rares et se vendent fort cher.

Nature du sol, Minéraux. — Les productions du règne minéral sont peu variées au Sénégal. Il n'existe aux environs de Saint-Louis aucune espèce de pierres propres aux constructions ; aussi emploie-t-on presqu'exclusivement la brique. A peu de distance de la ville on trouve des bancs d'huîtres fossiles et des roches ferrugineuses mais qui contiennent très peu de substances métalliques. Dans l'intérieur il y a des mines d'or qui ne sont qu'imparfaitement exploitées.

Climat. — La température au Sénégal pendant la saison sèche, qui dure environ 8 mois, est très élevée. La chaleur y est accablante. La poussière fine et brûlante apportée par un vent de terre appelé L'Harmattan et qui remplit l'atmosphère, fatigue les hommes et même les animaux. Néanmoins la température moyenne ne paraît pas dépasser 21° centigrades. Pendant l'hivernage les pluies sont abondantes, torrentielles et font déborder les rivières.

La fièvre jaune, la grande maladie du pays, ravage périodiquement notre colonie. Son apparition au Sénégal date de 1830. Avant cette époque elle y était inconnue. Les autres maladies les plus communes sont les dyssenteries, les inflammations du foie et les fièvres spasmodiques. et gastriques

Mœurs et Coutumes des habitants. — Les nègres du Sénégal sont généralement hospitaliers et sobres. Ils se nourrissent principalemet de millet bouilli et arrosé de jus de viande ou de poisson (couscous). Les femmes sont coquettes et ne manquent pas d'une certaine grâce native qui séduit les Européens par sa nouveauté. Un grand nombre de blancs ont contracté avec les belles sénégalaises de ces unions temporaires fréquentes dans le pays. Aussi rencontre-t-on sur les côtes beaucoup de mulâtres portant des noms français ou anglais. Hâtons-nous de dire que ces mariages parfaitement valables aux yeux de la femme noire sont nuls au point de vue de notre législation ; mais cette facilité avec laquelle la jeune fille est livrée par ses parents aux européens qui la demandent, a été autrefois une des causes du dépérissement de notre colonie en excitant chez ces derniers de dangereuses passions.

Les négres de Saint-Louis et de Gorée parlent le français assez correctement, mais dans l'intérieur il se servent du dialecte Yolof qui est doux, harmonieux et dont les vierges d'ébène savent tirer un merveilleux parti. La plupart professent la religion de Mahomet.

Les tribus maures de la rive droite du Sénégal emploient dans leurs traités et leurs transactions importantes la langue arabe, qui est leur langue naturelle, mais dans les relations ordinaires de la vie ils se servent du dialecte Yolof.

Divisions, Villes, Bourgs. — Les provinces sur les bords du fleuve sont : le *Oualo*, le *Toro*, le *Damga*, le *Guoy ;* la capitale est *Saint-Louis*, en langue Yolofe « N'dar », dans une île du Sénégal qui mesure 2.300 mètres de longueur sur 500 de largeur environ, à 33 kilomètres de son embouchure et à 750 lieues (de 20 au degré) sud de Brest. La ville proprement dite occupe une superficie de 1500 mètres de longueur du nord au sud sur une largeur moyenne de 200 mètres. Sa population, qui était de 9000 habitants en 1825, en compte aujourd'hui 15.000.

Près de Saint-Louis se trouve *Guet N'dar*, mouillage habituel des navires à destination de Saint-Louis. Saint-Louis fait un commerce assez actif de gommes, d'arachides, de coton, de graines de melons et d'animaux.

Les autres points, pour la plupart fortifiés sont : *Mérinaghen, Richard Toll, Dagana* dans le Oualo, *Podor* dans le Toro, *Saldé* dans le Fouta, *Matam* dans le Damga, *Bakel* dans le Guoy, ville fondée en 1818 et qui se trouve à 104 lieues de Saint-Louis, *Médina* dans le Kassou, *Sénoudébou*, sur la Falémé, *Keniéba* dans le Bambouck, près des mines d'or.

Plus au sud, le long de la mer, nous possédons : Le pays de *Gandiole* et le *Cayor,* le cercle de *Dakkar* (1) où l'on a creusé un port qui sert de relâche aux paquebots transatlantiques et qu'un chemin de fer met en communication avec Saint-Louis ; le bon port de *Gorée* à 2 kilomètres du Cap Vert (3000 habitants); le port de *Rufisque* bâti sur le sable et dont les maisons sont en bois, sauf deux ou trois en briques, le cercle de *Diander* et les comptoirs maritimes de *Portudal* dans le Baol, de *Joal* dans le Sine et de *Kaolakh* dans le Saloun.

L'île de *Gorée* nommée « Bir » par les indigènes et conquise sur les Hollandais avec les comptoirs de Joal, de Portudal et de Rufisque en 1677 est située par les 14° 40' de latitude Nord et 19° 45' de longitude Ouest. Elle a 880 mètres de longueur et 215 mètres de largeur moyenne. La ville de Gorée est le chef-lieu de nos établissements voisins du Cap-Vert, c'est là que réside le commandant particulier, qu'est installé l'hôpital et que se trouvent les principales maisons de commerce. Au sommet de l'île s'élève la forteresse occupée par une petite garnison. Les rues sont étroites tortueuses et escarpées. L'eau y fait défaut ; la seule qu'on y boive est celle que l'on recueille pendant la saison des pluies et qu'on conserve dans de profondes citernes creusées au-dessous des habitations.

---

(1) Il y a à Dakkar un jardin botanique où l'on a réuni les différentes essences végétales du Sénégal et quelques-unes de l'Amérique ; on y voit des bananiers, des cocotiers, etc.

La France a étendu sa suzeraineté sur la plus grande partie de la Casamance, rivière qui a son embouchure au cap Roxo. Elle y possède l'île aride et sablonneuse de *Carabane*, où elle a établi un poste, et le comptoir de *Sedhiou*.

La Casamance assez considérable à son embouchure n'a qu'une longueur de 50 à 60 lieues. Elle prend sa source dans les montagnes peu élevées de l'intérieur d'où elle descend à travers les rochers jusqu'à la mer. Elle reçoit dans son cours sur la rive gauche : Les marigots de *Bissaré*, de *Mangukrougou*, de *Dilamette* ; sur la rive droite : ceux de *Tadirer*, de *Sougrigou*, de *Sitaba*, *Diamet*, *Banguial* et *Diakouké*.

En outre un nombre assez considérable de bâtiments français vont se charger dans les eaux du *Rio Nunez*, du *Rio Pongo*, du *Mellaçori*, riches cours d'eau sur les rives desquels nous étendons de plus en plus notre influence.

Commerce général. — On exporte de toutes ces régions des graines oléagineuses (arachides, béref de sésame, noix de palme) de la gomme, des peaux d'animaux, de l'ivoire, des bois de teinture, de la poudre d'or, du coton et des plumes.

On y importe des guinées, tissus de coton grossiers teints en bleu, fabriqués à Rouen et dans l'Inde, des vins, des liqueurs, principalement de Bordeaux, du tabac, des verroteries et des armes.

L'ensemble des opérations du commerce français avec le Sénégal et les comptoirs de la côte occidentale d'Afrique peut être évalué à 40.000.000 de francs, en moyenne.

Mouvement du Commerce du Sénégal et de ses dépendances avec la France en 1882-1883.

IMPORTATIONS		EXPORTATIONS	
en 1882	en 1883	en 1882	en 1883
7.768.000^f	8.607.000^f	21.450.000^f	20.391.000^f

HISTOIRE. — Ce sont les Français, des Normands, qui, les premiers, conquirent les Canaries et explorèrent les côtes occidentales du Continent africain. Les habitants de Dieppe et de Rouen firent des expéditions au Sénégal dès 1365. Ils fondèrent des comptoirs et des entrepôts depuis l'embouchure du Sénégal jusqu'à la côte de Sierra Leone, échangeant des couteaux, de l'eau-de-vie, des toiles ; des verroteries contre les cuirs, la poudre d'or, l'ambre gris et les plumes d'autruche que les indigènes leur apportaient. En 1382 ils élevèrent des forts sur la côte de Guinée. Le commerce enrichit la ville de Dieppe qui dès lors entreprit l'industrie de l'ivoire ; mais les guerres civiles et extérieures arrêtèrent leurs progrès. Ces marchands Rouennais et Dieppois, par leur probité, leur douceur, leur justice, s'étaient attiré à ce point l'estime des indigènes de ces contrées à demi-sauvages qu'un prince sénégalais écrivait en 1786 à M. Durand, alors directeur du Sénégal : « Tu es le descendant de ces Français qui étaient justes, tenaient leur parole et ne mentaient jamais. » Que n'a-t-on toujours agi comme les marchands de l'ancienne France !

En 1664 la Compagnie des Indes occidentales acheta pour la somme de 150.000 livres aux négociants normands tous leurs établissements. Depuis lors, jusqu'en 1719, six compagnies se succédèrent avec des chances diverses dans l'exploitation du privilège de commercer avec les côtes d'Afrique. A cette époque la Compagnie des Indes fondée par le trop fameux Law acquit tous les droits, priviléges, forts et établissements du Sénégal pour la somme de 1.600.000 livres. Pendant 40 ans elle y fit un commerce immense.

La guerre mit fin à cette prospérité.

Les Anglais s'emparèrent du Sénégal en 1758, le rendirent en 1779, le reprirent pendant les guerres de la Révolution et ne l'évacuèrent qu'en 1814. Pendant un assez grand nombre d'années aucun évènement remarquable n'est à signaler dans l'histoire du Sénégal et de ses dépendances.

De 1839 à 1843 les amiraux Fleuriot de Langle et Bouët Villaumez étudièrent l'estuaire du Gabon et préparèrent la prise de possession par la France de ces contrées. Un premier traité fut passé avec le roi Denis, l'un des chefs les plus influents de la rive gauche qui s'était toujours montré plein de sympathie pour nos nationaux et que le gouvernement de Louis-Philippe nomma chevalier de la Légion d'honneur. On traita ensuite avec les chefs de la rive droite et peu à peu toutes les peuplades voisines reconnurent notre suzeraineté qui, en 1862, s'étendait déjà jusqu'au cap Lopez.

Sous le gouvernement habile du général Faidherbe, la presqu'île du Cap Vert fut occupée. La ville de Dakkar fut fondée. En même tempspour protéger nos trafiquants contre les vexations continuelles des rois du Cayor, du Sine et de Saloun, une expédition fut décidée. Dès 1679 le célèbre Ducasse avait imposé aux noirs de la côte un traité qui donnait à la France la suzeraineté du pays depuis le Cap Vert jusqu'au Saloun. Ce traité fut mis à exécution. A la tête d'une colonne expéditionnaire le général Faidherbe détruisit les bandes armées des chefs hostiles et assura à nos établissements une sécurité qui n'a été depuis que fort peu troublée.

L'ALGÉRIE

GÉOGRAPHIE. — **Situation géographique, Svperficie, Population.** — L'Algérie comprise entre 32° et 37° de latitude Nord et entre 6° 30' de longitude Est et 4° 40' de longitude Ouest est bornée au Nord par la Méditerranée sur laquelle elle présente un développement de côtes de 900 kilomètres, en face de Toulon et de Marseille dont la sépare une navigation de 50 heures ; à l'ouest par le Maroc ; à l'est, par la Tunisie ; au sud par le Sahara, où, depuis l'expédition de 1873, la domination française s'étend jusqu'à El Goléah ou El Ménia, chez les Touaregs.

(1) Sa superficie est évaluée, selon les uns, à 390.000 kilomètres carrés, selon les autres à 669.000, et enfin d'après M. Jules Duval à 500.000. (La France a 528.560 kilomètres carrés avec lés îles situées sur ses côtes).

La population de l'Algérie s'élève actuellement à 3.310.412 habitants (recensement de 1881) dont voici la décomposition :

Recensés nominativement	Français.	233.937
	Israélites naturalisés...	35.665
	Musulmans indigènes, sujets français.	2.415.736
Recensés numériquement	Etrangers.	189.944
	Indigènes des tribus de commandement	435.130
		3.310.412

La population indigène qui est restée à peu près stationnaire depuis une tentaine d'années s'élevait :

En 1851 à 2.323.855
En 1856 à 2.307.349
En 1861 à 2.732.851
En 1872 à 2.125.052
En 1877 à 2.472.129

(1) Ces différences d'évaluation dans la superficie de l'Algérie viennent de ce que certains géographes n'ont considéré que la partie qui s'étend de la mer à la chaîne du grand Atlas, tandis que d'autres ont compris une partie du Sahara dans la surface totale. Le chiffre de 450.000 kilomètres carrés nous paraît le plus exact.

En 1872, on comptait 122.000 français, 58.000 espagnols et 16.000 italiens ; en 1876, 155.727 français et 92.510 espagnols.

De 1879 à 1881 il a été accordé 1577 demandes de naturalisation ; et de 1865 à 1881 : 5.606, parmi lesquelles 1420 émanant d'allemands, 1391 d'italiens et 999 d'espagnols.

Principales Montagnes. — L'Algérie est formée par le massif de l'*Atlas* qui s'élève progressivement des côtes vers l'intérieur, puis s'abaisse vers le Sahara au sud.

On peut le diviser en trois chaînes principales à peu près parallèles : Le *Petit Atlas*, le *Moyen Atlas* et le *Grand Atlas*.

Le *Petit Atlas* s'étend sur une longueur d'environ 350 kilomètres, à peu de distance de la mer, du cap Ivi à l'embouchure du Chéliff, au cap Carbon, à l'embouchure de l'Oued Sahel qui se jette dans le golfe de Bougie.

Ses principaux groupes sont : le *Djebel-Zakkar* qui a 1580 mètres d'altitude ; le *Djebel-Mouzaïa*, 1608 ; le *Djebel-Jurjura*, 2300 ; le *Djebel-Salla-Chredîdja*, 2308 mètres.

Le *Moyen Atlas* vient du Maroc et se prolonge jusqu'en Tunisie.

Les groupes les plus élevés sont : le *Djebel-Toumzaït*, 1830 mètres ; l'*Ouancherich*, 1990 ; le *Djebel-Taguelsa*, 1730 ; le *Djebel-Dirah*, 1810 ; le *Djebel-Ouennougha*, avec la ramification du *Biban* où se trouvent les *Portes de fer* et par où passe la route d'Alger à Constantine.

Le *Grand Atlas*, qui paraît avoir 50 kilomètres de largeur moyenne, vient du sud-ouest du Maroc et traverse l'Algérie dans la direction du nord-est pour aboutir en Tunisie.

Ses principaux sommets sont : le *Djebel-Amour*, 2000 mètres et le *Djebel-Aurès*, 2300 mètres qui sont couverts de neige ; les *Djebel-Senelba, Lagareg, Zac-*

cari, Sahari, Boukhail, Emaïma, Amarkhadou et *Cheliah.*

On remarque encore d'assez hautes montagnes, plus au sud, dont la chaîne est presque parallèle au cours de l'Oued-Djeddi.

Ces trois grandes chaînes de montagnes forment de nombreuses terrasses qui rendent les fleuves impropres à la navigation. Elles divisent l'Algérie en deux régions physiques distinctes : le Tell, au nord, ou partie fertile, entre la mer et l'Atlas moyen ; le Sahara au sud, divisé lui-même en région des hauts plateaux, de l'Atlas moyen au grand Atlas, et en région des oasis et des dunes de sable ou El-Arez, entre le grand Atlas et le désert.

Oasis. — Les principaux oasis sont ceux d'*Ouled, Sidi-Cheikh,* du *Ksours,* du *Beni-Mzab,* d'*Ouargla,* de l'*Oued-Rir,* du *Ziban* et du *Souf.*

Rivières, Cours d'eau, Lacs. — Les rivières qui sillonnent l'Algérie sont nombreuses mais peu profondes et n'ont qu'une importance secondaire, ce qui est une cause de souffrance pour ce grand et beau pays. Les principales sont en allant de l'ouest vers l'est :

La *Tafna,* 172 kilomètres de cours, qui sort des monts de Tlemcen, passe près de Sebdou, reçoit, à gauche, l'Oued-Abbas et le Mouïlah grossi de l'Isly dont les bords ont été témoins de la bataille livrée le 13 août 1844 contre les Marocains, et à droite, l'Isser, grossi par la Sikkah. La *Mactah* formée par le Sig, 240 kilomètres et l'Habrah qui passe à Saïda ;

Le *Chéliff,* le plus important cours d'eau de l'Algérie, a 690 kilomètres. Ce fleuve descend du Djebel-Amour, arrose les hauts plateaux du sud au nord, prend suivant les contrées qu'il traverse les noms de Ouedsebgague, Oued-Taguin, Oued-Bellin, passe à Orléansville et finit au nord de Mostaganem, dans le golfe d'Arzeu. Il reçoit à gauche plusieurs affluents :

l'Oued-Ourek, l'Oued-Nahar-Ouacel ou Nahr-Ouassel, l'Oued-Dardar, l'Oued-Riou et la Mina ;

Le *Mazafran*, formé de la Chiffa ;

Le *Harrach* qui arrose la Métidja et finit dans la baie d'Alger.

L'*Hamise* qui se jette aussi dans la baie d'Alger, au sud du cap Matifou ;

L'*Isser* qui a un cours de 220 kilomètres et arrose la grande Kabylie ;

L'*Oued-Sahel* qui passe à Aumale, sépare la grande et la petite Kabylie et finit près de Bougie;

L'*Oued-El-Kébir* ou *Rummel* formé de deux cours d'eau : l'Oued-Zaouch et l'Oued-Boumerzoug qui font leur jonction à Constantine et qui a un cours de 240 kilomètres.

La *Saf-saf* qui passe à El-Arouch, à Philippeville et se jette dans le golfe de Stora.

La *Seybouse* qui sort des monts Aurès, passe à Guelma et finit à 2 kilomètres de Bône ;

La *Mafrag* qui sort du Djebel-Gharra ;

La *Medjerdad* qui prend sa source à l'Ouest de Soukarras et coule à l'Est, vers la Tunisie.

Il y a en Algérie un grand nombre de lacs, la plupart salés, ce qui met hors de doute que la mer a autrefois couvert toute la région.

Les principaux sont, dans la province d'Oran : les lacs ou Sebkhas de *Daya-el-Ferd*, les *Chotts el-Garbi* et *el-Cherqui*, la *Sebka-Musteir*, la *Sebka-el-Hamra*, la *Sebka-el-Khala*, le *Daya-el-bou-Faroun ;*

Dans la province d'Alger : les marais de *Kahala* et la sebka *el-Messera* ;

Dans la province de Constantine : le lac *Felzara*, le lac *Mzouri*, le lac *Djemmel*, le lac de *Guellif*, celui de *Tharf*, les sebkhas du *Hodna, Melrhir, Hadjilah* et *el-Grarnis* qui se prolonge en Tunisie.

Productions naturelles, Cultures. — Le Tell dont la largeur est de 100 à 120 kilomètres à l'Ouest, de 80 au centre et de 150 à l'Est et qui contient 1,300,000 hectares environ de terres cultivables est propre à la culture des céréales, de la vigne, de l'olivier, du mûrier, du figuier, de l'oranger, du citronnier, du grenadier, du jujubier, du caroubier, du noyer, du chataigner, de l'abricotier, du tabac et du lin ; on y trouve des bois de chênes, lièges et chênes-verts, de genevriers, de myrtes, de lauriers, de cèdres et de palmiers nains.

La région des hauts plateaux entre le moyen et le grand Atlas est un pays de landes, de steppes et de lacs salés.

On y trouve des bois de cèdres, de tamariniers. L'Alfa et l'Armoise qui couvrent d'immenses étendues de terrain y croissent sans culture et fournissent d'abondantes récoltes.

La région qui s'étend du grand Atlas au désert proprement dit est un pays de dunes que parsèment les oasis, îles verdoyantes émergeant d'un Océan de sable et où croissent les dattiers.

La superficie totale des propriétés rurales européennes comprenait il y a quelques années 9,500 hectares dont 250,000 pour la province d'Alger, 295,000 pour la province d'Oran et 440,000 pour celle de Constantine.

Le chiffre de la population agricole s'élevait à 125,000 individus, femmes et enfants compris, dont 55,000 pour la province d'Alger, 45,000 pour celle d'Oran et 25,000 pour celle de Constantine.

Le nombre d'hectares ensemencés en céréales par les européennes et par les indigènes et le nombre de quintaux métriques récoltés en 1879-1880 et 1881 sont évalués ainsi qu'il suit :

ANNÉES	SUPERFICIE cultivée EN CÉRÉALES	QUANTITÉS récoltées	
	h.	q.m.	
1879	2.771.976	13.961.301	
1880	2.878.135	16.006.527	
1881	2.899.455	9.312.241	

Il nous a paru intéressant de donner le tableau suivant qui donne les superficies cultivées pour chaque nature de céréales et leur rendement à l'hectare, bien qu'il se rapporte à l'année 1876.

NATURE des CÉRÉALES	SUPERFICIES CULTIVÉES PAR LES		TOTAL	QUANTITÉS RÉCOLTÉES PAR LES		TOTAL	RENDEMENT à l'hectare DES CULTURES	
	européens	indigènes		européens	indigènes		européennes	indigènes
	h	h	h	qx	qx	qx	qx	qx
Blé tendre	88.045 15	33.449 95	121.495 10	803.056 95	210.255 95	1.013.312 90	9 12	6 28
Blé dur	150.663 66	1.059.014 35	1.199.678 01	961.420 65	5.147.103 26	6.108.523 91	6 83	4 86
Seigle	1.327 05	892 00	2.219 05	11.862 62	4.901 00	16.763 62	8 94	5 50
Orge	101.866 10	1.371.463 80	1.473.328 90	951.511 05	8.964.345 21	9.915.856 26	9 34	6 53
Avoine	25.223 60	3.655 50	28.879 10	298.416 70	27.062 00	325.478 70	11 83	7 40
Maïs	5.166 96	15.446 50	20.613 46	51.229 74	76.481 30	127.711 04	9 91	4 95
Fèves	5.187 80	54.561 07	61.748 87	68.273 90	364.782 08	433.055 98	9 49	6 68
Bechna	8.145 45	33.409 25	41.554 70	122.561 91	256.450 42	379.012 13	15 04	7 67
	h	h	h	qx	qx	qx		
	377.624 77	2.571.892 42	2.949.517 19	3.268.333 32	15.051.381 22	18.319.714 54		

La différence notable qui existe entre la production européenne et indigène tend de plus en plus à diminuer à mesure que les indigènes adoptent nos procédés de culture.

On cultive avec succès, en Algérie, l'olivier — (on a récolté, pour une seule année, 96,547,150 kilogrammes d'olives qui ont produit 283,030 hectolitres d'huile) ; le lin de Riga ; le lin d'Italie et le tabac.

La culture du coton y est presque abandonnée. En revanche la sériculture est en progrès et depuis quelques années on récolte en grande quantité l'Alfa, graminée très répandue qui couvre les 7/10 des hauts plateaux et dont les tiges servent à la fabrication d'ouvrages de sparterie, de corbeilles, de paniers, de tapis, de cordages et d'une pâte très fine dont on fait du papier. On exporte tous les ans, surtout pour l'Angleterre, une grande quantité de ce précieux textile.

Le tableau suivant fait connaître l'importance des diverses cultures autres que les céréales pendant plusieurs années :

DÉSIGNATION DES CULTURES		UNITÉS	1872	1873	1874	1875	1876	1877	1878	1879	1880	1881
VIGNES												
Européenne	Superficie plantée	hectares	10.069	10.316	11.420	12.182	12.869	13.056	15.400	17.737	21.148	23.337
	Quantité de vin récoltée	hectolitres	227.840	170.679	228.999	196.313	221.436	260.875	329.782	346.000	429.197	286.213
Indigène	Superficie plantée	hectares	6.619	6.929	6.904	7.862	3.854	4.072	2.214	2.257	2.576	1.904
	Quantité de vin récoltée	hectolitres	—	—	—	—	989	4.298	8.438	5.525	3.383	2.336
COTONS												
Européenne	Superficie cultivée	hectares	1.396	1.325	592	193	294	197	20	24	36	76
	Quantité récoltée après égrenage	kilogrammes	151.008	336.300	247.800	33.220	31.180	51.200	4.600	14.200	39.090	385
Indigène	Superficie cultivée	hectares	47	60	47	8	—	—	—	12	2	—
	Quantité récoltée après égrenage	kilogrammes	3.616	15.800	1595	2.700	—	—	—	5	2	—
TABACS												
Européenne	Superficie cultivée	hectares	1.496	2450	2.802	2.931	2.720	2.460	2.524	3.180	1.699	1.893
	Quantité récoltée	kilogrammes	1.508.787	2.843.264	2.690.509	3.575.588	3.050.676	2.782.497	2.669.330	1.226.181	2.432.318	2.120.260
Indigène	Superficie cultivée	hectares	3.513	3422	3.658	3.689	4.421	4.158	3.795	6.584	6.113	6.437
	Quantité récoltée	kilogrammes	2.516.553	1.944.033	2.007.253	2.046.742	2.055.253	1.889.124	1.825.605	1.384.802	3.318.234	2.193.338
LIN DE RIGA												
Européenne	Superficie cultivée	hectares	—	—	—	—	2.450	1.776	1.399	765	942	706
	Rendement en paille	kilogrammes	—	—	—	—	341.700	173.250	192.558	10.690	16.380	22.944
	id. en graines	id.	—	—	—	—	1.921.708	1.142.068	1.085.182	681.822	602.738	433.982
	id. en filasse	id.	—	—	—	—	—	150	—	—	—	1.122
Indigène	Superficie cultivée	hectares	—	—	—	—	87	92	90	66	5	12
	Rendement en paille	kilogrammes	—	—	—	—	410	216	216	216	—	220
	id. en graines	id.	—	—	—	—	77.109	77.595	77.895	52.973	5.000	3.010
	id. en filassse	id.	—	—	—	—	148	117	117	130	—	—
LIN D'ITALIE												
Européenne	Superficie cultivée	hectares	—	—	—	—	—	—	—	—	—	1898
	Rendement en paille	kilogrammes	—	—	—	—	—	—	—	—	—	552.948
	id. en graines	id.	—	—	—	—	—	—	—	—	—	1.054.900
	id. en filasse	id.	—	—	—	—	—	—	—	—	—	29.500
Indigène	Superficie cultivée	hectares	—	—	—	—	—	—	—	—	—	77
	Rendement en paille	kilogrammes	—	—	—	—	—	—	—	—	—	—
	id. en graines	id.	—	—	—	—	—	—	—	—	—	73.950
	id. en filassse	id.	—	—	—	—	—	—	—	—	—	—
SÉRICULTURE												
Européens	Nombre d'éducateurs		87	84	111	39	150	99	205	205	141	173
	quantités { cocons récoltés	kilogrammes	8.665	4891	10.724	4.075	6.156	5.245	12.666	14.655	14.411	21.066
	cocons vendus	id.	8.431	4.677	7.999	3.281	5.978	4.854	12.137	14.240	13.010	20.023

La culture de la vigne tend de plus en plus à se propager en Algérie. C'est là une source de richesse pour l'avenir qu'il faut surveiller avec soin.

Quant à l'Alfa, dont la récolte occupe chaque année, un grand nombre de bras, on en a exporté, de 1867 à 1878 530,000 tonnes représentant une valeur de plus de 66 millions de francs. De 1879 à 1881, c'est-à-dire en trois ans, l'exportation de ce textile s'est élevée à 224,356 tonnes.

Forêts. — La superficie des forêts domaniales et communales au 31 Décembre 1881 était évaluée à 2,045,062 hectares, ainsi répartis par essences :

Chêne liège	277,886 h.	31 a.
Chêne vert	604,953	66
Chêne zéen	62,585	60
Pin d'Alep	813,664	93
Pin maritime	536	57
Cèdre	42,882	36
Tuya	24,039	05
Essences diverses	218,513	72
Total...	2,045,062	20

dont : 459,515 h. 73 a. pour la province d'Alger
580,413 04 pour la province d'Oran
1,005,133 43 pour la province de Constantine

Animaux, Elevage. — On rencontre en Algérie des lions, des tigres, des panthères, des hyènes, des chacals, des loups, des gazelles, des chameaux et des sangliers en grand nombre. On mange la chair du sanglier comme celle du porc en France.

Les primes offertes aux chasseur par le gouvernement sont pour :

Lion, lionne ou panthère, de....	40 à 60 fr.
Lionceaux et jeunes panthères...	15
Hyènes	5
Chacals	1 fr. 50 à 2

De 1873 à 1881 on a abattu 189 lions 1064 panthères et 24,667 hyènes et chacals.

Le nombre total de bestiaux, chevaux, mulets, ânes, chameaux, bœufs, chèvres et porcs s'élevait tout récemment à 15,067000 têtes dont 444,000 appartenaient aux européens et le reste aux indigènes.

RACES	EUROPÉENNES	INDIGÈNES	TOTAL
Chevaline	16.898	142.160	159.058
Mulassière	13.102	124.265	137.367
Asine	6.418	169.360	175.778
Chameaux	29	185.710	185.739
Bovine	122.882	1.036.801	1.159.683
Ovine	173.036	9.305.217	9.478.253
Caprine	54.954	3.598.523	3.653.477
Porcine	56.681	964	57.645
Totaux	444.000	14.563.000	15.007.000

En 1879 le nombre des saillies dans les Haras a été de............ 31,358
En 1880........................ 27,884
En 1881........................ 28,359

Règne minéral. — Il y a en Algérie des mines de fer, de cuivre, de plomb et de zinc. Les centres miniers les plus importants sont ceux de Soumah, fer — de Mouzaia, fer et cuivre — de Gourayas, fer et cuivre — d'Oued-Ikellalem, fer — de Zaccar, fer — de Djebel-Haddid, fer — de Kef-el-Ambeur et Novi, fer — d'Oued-Messelmoun, fer — de Sakhamoudi, zinc et plomb et de Guerouma, zinc et plomb, dans le département d'Alger ;

De Gar-Rouban, d'Ouled-Maziz, de Beni-Saf, de Djebel-Harouaria, de Djebel-Filhaouen, zinc et plomb, dans le département d'Oran ;

De Kef-Oum — Theboul, plomb — d'Aïn-Barbar, cuivre — de Kharizar, fer oxydulé — d'El-M'kimen, fer — d'Aïn-Morkha, fer — de Cap-Cavallo plomb, cuivre et fer — et d'Euch-El-Bez, fer chromé, dans la province de Constantine.

Citons encore les mines de Montenotte et Tenez, fer — dans le département d'Alger ; de Takitount, cuivre et métaux connexes, dans la province de Constantine, concédées de 1879 à 1880.

Le nombre des mines concédées au 31 Décembre 1881 était de 37 dans les trois provinces.

L'exploitation des gisements miniers a donné lieu à un mouvement d'exportation qui se chiffre ainsi depuis 1872 :

ANNÉES	FER	CUIVRE	PLOMB
	qx	qx	qx
1872	3,911,895	1108	35,135
1873	4,206.955	719	54,462
1874	4,602,728	4,028	30,497
1875	5,226,300	30,196	23,549
1876	4,568,124	63,724	16,146
1877	4.505,679	68,340	19,287
1878	3,797,388	50,087	23,786
1879	4,379,324	29,450	24,680
1880	5,964,092	149,043	44,589
1881	»	»	»

L'industrie minière a subi une crise terrible dans ces dernières années, mais elle paraît près de finir.

Climat. — Le climat de l'Algérie est sain et se rapproche beaucoup de celui du midi de la France, au moins dans le Tell. Il y a peu de maladies, et les fièvres dont se plaignent les Européens peuvent être évitées en observant quelque peu les lois de l'hygiène. La mortalité pour les Français est de 28 pour 100 ; pour les Espagnols de 30 pour 100 ; pour les Allemands de 39 pour 100. Le nombre des naissances a toujours dépassé celui des décès.

Voici le rapport des naissances avec celui des décès pendant les années 1879-1880-1881 :

    Européens... 89 décès pour 100 naissances
    Israélites 58   id.
    Musulmans... 88.20   id.

Colonisation. — Du 16 octobre 1871 au 31 décembre 1881, la superficie des terres concédées aux émigrants et aux colons algériens a été de 457.120 hectares, sur lesquels 334.897 affectés aux concessions individuelles. La valeur de ces terres s'élève à 41.589.923 francs. Il a été dépensé pour les travaux d'installation des colons 14.939.135 francs.

L'ensemble des concessions accordées aux particuliers a compris 10.780 lots de toutes natures ; le nombre des familles installées a été de 9.761.

Mœurs et coutumes des habitants, Religion. — La population de l'Algérie comprend des Kabyles ou Berbers, des Arabes ou Bédouins, des Maures, des Juifs, des nègres et des Européens, surtout des Français et des Espagnols, ces derniers en grand nombre dans la province d'Oran.

Le *Kabyle* ou Berber est le premier habitant et le véritable indigène de l'Algérie.

Il est resté tel que nous le dépeignent les historiens romains, un siècle avant notre ère. Il descend en droite ligne de ces fameux Numides dont Salluste nous fait connaître le caractère opiniâtre, indomptable dans la personne du Jugurtha.

Le Kabyle habite les hauts sommets de l'Atlas et les plaines qui l'avoisinent ; il se livre à l'agriculture, au commerce et à l'industrie. Au contraire des Arabes essentiellement nomades et qui abandonnennt leurs douars à la première alerte, il se fait tuer sur le seuil de son gourbi. Il parle une langue qui semble très ancienne et qui n'a que peu de rapports avec celle des Arabes, ce qui donne le droit de supposer que le Kabyle appartient à une race primitive ; il est musulman et professe le plus grand respect pour ses Marabouts.

L'administration d'une tribu de Kabyles est confiée à un Cheik qui est à la fois commandant militaire et chef religieux.

Les hommes n'ont pour tout costume, la plupart du temps, qu'un ample manteau d'étoffe de laine blanche, avec capuchon appelé burnous ; les femmes portent une tunique de laine qui prend au-dessous des épaules et descend jusqu'aux genoux. Elles tressent leurs cheveux, qu'elles ornent de perles de verre ou de corail, et portent aux bras de larges bracelets, Elles se tatouent les bras et le visage comme les Mauresques et les femmes arabes.

On a remarqué souvent, avec étonnement, que le tatouage du front représentait une croix, symbole de la religion du Christ. Quelques historiens prétendent expliquer la présence de ce signe particulier en racontant que les Vandales, convertis au christianisme, lors de leur invasion en Afrique, firent grâce de la vie à tous ceux qui le portèrent, les considérant alors comme leurs coreligionnaires. Nous leur laissons la responsabilité de cette explication qui, d'ailleurs, n'a pas ici une grande importance.

L'Arabe. L'Arabe est nomade ou pasteur. Il est venu en Algérie à la suite des grandes invasions musulmanes du VII siècle. Il habite généralement, dans la mauvaise saison, une cabane en torchis maintenue par des roseaux ou de faibles poutrelles, et, en été, sous la tente. La tente de l'Arabe est la plupart du temps en peaux de chameaux. Elle est partagée en deux compartiments dont l'un, le gynécée, est réservé aux femmes. Des nattes, des tapis, des poteries grossières, des armes, sont les seuls ornements de ces demeures ambulantes. A la porte sont supendues les jattes en terre cuite qui contiennent l'eau ou le lait aigri qui composent la boisson de l'Arabe.

Le douar est la réunion de plusieurs tentes. A la première alerte, l'Arabe lève sa tente, réunit ses troupeaux, sa principale richesse, et, accompagné de sa famille, va camper dans un autre endroit. Cultivant peu il n'est pas attaché au sol comme le Kabyle et se contente souvent d'enfouir dans des silos les provisions de plusieurs années.

L'Arabe a les traits purs et le port majestueux. Un front généralement haut et bombé, des yeux noirs magnifiques, une barbe brune ou noire clair semée, qui s'allonge en pointe, donnent à son visage au teint généralement cuivré et d'un oval parfait une grande distinction en même temps qu'un caractère de grande fermeté. Brave jusqu'à la témérité, mais peu scrupuleux sur les moyens de faire la guerre, l'Arabe, sous la direction d'officiers français, se conduit souvent en héros.

Il a le sentiment poétique assez développé et le goût de la musique ; mais celle-ci, sorte de rythme monotone, diffère beaucoup de la nôtre et ne flatte que médiocrement une oreille européenne. Leurs orchestres se composent du rabbeb, sorte de violon à deux cordes, du gaspah, flûte de roseau percée de deux ou trois trous, suivant la force de l'exécutant, et dont l'étendue ne va jamais au-delà d'une octave, du tarr ou tambour de basque et de pots de terre ou de grès recouverts de parchemins et remplis de cailloux ou de débris métalliques qui répandent quand on les agite une sorte de bruissement bizarre.

Dans les villes d'Algérie on entend souvent, à la tombée de la nuit, sortir de quelque maison du quartier arabe un vacarme assourdissant mais cadencé, auquel se mêlent parfois des voix graves et gutturales. C'est un concert arabe que l'on entend. Si vous vous hasardez à entrer dans la salle où se trouvent ces orchestres bizarres vous apercevez un groupe d'hommes aux visages maigres et bruns, enveloppés dans de grands manteaux blancs, accroupis sur des nattes, une longue pipe entre les lèvres, ayant une petite tasse pleine d'un café noir et épais devant eux, qui semblent dormir, bercés par cette musique diabolique. Parfois cette séance musicale est rendue plus attrayante par la présence d'une ou de plusieurs danseuses dont les contorsions et les pas échevelés éblouissent et ravissent les spectateurs.

L'industrie des Arabes se borne à la fabrication des objets de première nécessité ; mais ils excellent dans la maroquinerie ; les harnachements de leurs chevaux sont d'un fini achevé et d'une grande originalité. Les femmes s'occupent de la confection des burnous et des haïks dont se compose leur costume. Elles sont esclaves et assujetties aux plus durs travaux, aussi leurs formes naturellement belles et leurs traits singulièrement purs s'altèrent-ils rapidement. A trente ans la femme arabe est déjà vieille. Il n'est pas rare de rencontrer sur les chemins un Arabe tranquillement assis sur son âne pendant que sa femme marche à pied, derrière, le dos courbé sous le poids des denrées qu'ils apportent au marché de la ville voisine. La femme arabe ne se couvre pas d'habitude le visage comme la mauresque mais, comme elle, elle se teint les ongles, la paume des mains et la plante des pieds avec le henné.

L'Arabe, avant la conquête, n'avait d'autre juridiction que le Koran et d'autres chefs que le Cheik et le Marabout, sorte de saint musulman qui se voue au service de Dieu et prétend être en correspondance constante, avec lui. Ces marabouts sont très vénérés. On leur élève des tombeaux en forme de dôme qui deviennent des lieux de pélerinage. Cette vénération s'étend jusque sur leurs descendants, et Abd-el-Kader n'a dû sa haute fortune qu'à son titre de Marabout.

L'Arabe a l'esprit fin, délié, apte à l'intrigue. Il sait mettre au service de ses intérêts ou de ses ambitions une éloquence naturelle, persuasive, et ne ménage pas les promesses ; mais l'expérience a malheureusement démontré qu'il ne fallait pas avoir une trop grande foi dans sa parole. Il ne se croit pas lié, d'ailleurs, par un serment fait à un chrétien (Roumi). On lui reproche aussi d'être enclin au vol. Ce reproche est fondé, mais il faut espérer que sous l'influence de notre domination, l'Arabe, qui a tant d e belles qualités, s'amendera rapidement.

Le Maure. Il existe très peu de Maures qui puissent se dire issus directement des illustres conquérants de l'Espagne. La plupart de ceux qui habitent l'Algérie descendent de ces aventuriers turcs qui, venus dans le pays de l'Anatolie et de la Syrie, épousèrent des femmes mauresques et soutinrent la puissance des deys.

Le Maure, s'il est riche, partage sa vie entre le plaisir et le sommeil ; s'il est pauvre, il se fait commerçant, industriel ou ouvrier.

A vingt ans, le Maure laisse croître sa barbe, se coiffe du turban et revêt son costume viril. Ce costume se compose, du moins dans les classes aisées, de plusieurs vestes brodées en or ou en soie ; celle du dessus a de longues manches. Une ceinture en soie, ou en laine bariolée, entoure la taille et soutient le pantalon qui est très large. Cette ceinture sert en même temps à porter le yatagan, le poignard et les pistolets. Le soulier appelé Sebbat est très large et laisse beaucoup de liberté au pied. Un burnous de laine blanche, jeté sur l'épaule, complète ce costume aussi riche qu'élégant.

Le Maure a les traits purs et les manières pleines de noblesse. Malheureusement il est paresseux, ignorant, voluptueux et apathique. Il a tous les vices de l'Arabe sans en avoir les qualités.

Le Juif. Le Juif algérien, comme tous ses coreligionnaires se livre au commerce et à la banque. Ses traits, quoique naturellement réguliers, manquent de beauté morale. Il a le teint jaune et hâve. Son costume est à peu pres le même que celui du Maure dont il porte l'habit oriental, les pantalons larges et courts et le turban mais avec des couleurs plus sombres.

La femme juive porte une longue robe ou tunique à taille avec des manches courtes, sans ornements. Les jours de fête seulement, au Sabbat, à la Pâque, aux Tabernacles, elle s'habille avec une certaine recherche. Alors elle se coiffe d'un Sarnah, sorte de bonnet conique orné d'une draperie précieuse, et se couvre de bijoux. Elle ne manque pas d'ailleurs, comme la Mauresque, de se teindre les ongles et la paume des mains ainsi que les sourcils.

Les mœurs du Juif sont austères et tranchent avec celles des Arabes et des Maures. Persécuté de tout temps il n'a trouvé la tranquillité que sous la domination française, aussi nous est-il tout dévoué.

Administration, Divisions, Villes, Bourgs. — L'Algérie est administrée par un gouverneur général d'ordre civil, assisté d'un conseil de gouvernement composé de tous les chefs de service et de six conseillers généraux par departément. L'armée de terre est commandée par un général de division, commandant un corps d'armée.

Chaque province comprend : 1º Un territoire civil formant un département divisé en arrondissements, commissariats civils ou chefs-lieux de cantons et communes, avec préfets, sous-préfets, conseil général, maires, etc... 2º Un territoire militaire ou de commandement qui comprend des communes mixtes et indigènes.

Voici quelles étaient les divisions communales, au 31 décembre 1881, pour les deux territoires, militaire et civil :

TERRITOIRES	DÉPARTEMENT D'ALGER	DÉPARTEMENT D'ORAN	DÉPARTEMENT de CONSTANTINE	TOTAL
Territoires civils				
Communes { de plein exercice	77	54	65	196
mixtes (1)	26	19	32	77
Territoires de commandement				
Communes { mixtes	3	3	»	6
indigènes	5	3	7	15
	111	79	104	294

(1) Les communes mixtes sont celles récemment créées où l'élément arabe domine.

DÉPARTEMENT D'ORAN

Le département d'Oran comprend 5 arrondissements ou territoires civils : *Oran*. 597.029 hectares, 130.834 habitants. — *Mascara*. 247.698 hectares. 39.939 habitants. — *Mostaganem*. 252.116 hectares. 62.503 habitants — *Sidi-Bel-Abbès* 232.513 hectares. 26.440 habitants. — *Tlemcen* 196.107 hectares. 39.025 habitants.

La division militaire comprend 3 sudvivisions : *Oran, Mascara* et *Tlemcen* qui ont une superficie de 674.721 hectares et 238.823 habitants.

Oran est le chef-lieu du département d'Oran et compte 50.000 habitants ; en 1870 on n'en comptait que 25.000 et, en 1830, au moment de la conquête, 10.000 seulement. Comme Alger cette ville est bâtie en amphithéâtre, sur le penchant d'une colline, assez élevée. Port de commerce assez important, Oran a malheureusement une mauvaise rade. On y fabrique des éventails, des écrans, des babouches en maroquin brodé et des pâtes alimentaires estimées.

Mascara est au sud-est d'Oran et au nord de la plaine d'Eghris. Ancienne capitale d'Abd-el-Kader, elle compte aujourd'hui 10.000 habitants. On y fabrique des tapis, des haïks et des burnous.

Mostaganem est au nord-est d'Oran. Port médiocre mais fréquenté ; cette ville contient 9.000 habitants.

Sidi-Bel-Abbès est au sud d'Oran, sur le Sig, dans une belle position militaire qui couvre Oran. Cette ville qui compte 8.000 habitants est un centre de colonisation.

Tlemcen se trouve à 130 kilomètres au sud-ouest d'Oran. Cette ville située dans une belle position militaire, place forte, grand marché agricole, est l'ancienne capitale de la Mauritanie Césarienne. Elle fait un commerce actif avec le Maroc. On y fabrique des burnous, des haïks, des babouches, des armes, des articles de sellerie. Aux environs se trouvent de beaux bois d'oliviers. Tlemcen a plusieurs monuments dans ses murs et renferme 17.000 habitants.

Mers-el-Kébir est une petite ville située à quelques kilomètres d'Oran et à 160 kilomètres de Carthagène. Elle possède un bon port avec une rade qui peut abriter 100 vaisseaux ; c'est la meilleure station de la côte. Elle a 2000 habitants.

Aïn-Turk, à l'ouest d'Oran, offre un bon mouillage.

Arzeu, à l'est, a 4.000 habitants. C'est un assez bon port. Cette petite ville fait un commerce assez important de céréales et de bœufs. A 14 kilomètres d'Arzeu se trouve un lac salé en exploitation.

Saint-Denis-du-Sig est à 50 kilomètres au sud-est d'Oran. C'est un marché agricole important. 5.500 habitants.

Djemma-Ghazaouat ou *Nemours* est un port médiocre, au sud-ouest, près du Maroc.

Sidi-Brahim est célèbre par le combat qui y fut livré en 1845.

Lalla-Maghrina se trouve sur un affluent de la Tafna, près du Maroc.

Saida, au sud, se trouve sur un affluent de l'Habrah. C'est un poste militaire important.

Tiaret à l'est. *Tagdempt*, ville d'origine romaine. *Goudjilah*, à l'est.

Mazagran est une ancienne ville au sud-ouest, sur les bords de la mer. Cette ville est fameuse par le siège qu'elle soutint en 1840.

Sidi-Bel-Harel est au sud-est, sur la Mina.

Relizane est une position importante sur la Mina. Il y a autour de cette ville d'assez beaux champs de coton.

Ammi-Moussa sur le Riou, à l'est, est un poste militaire important.

El Goleah ou *El Mènia*, au sud, dans le Sahara est le point extrême de notre domination. Cette ville est bâtie sur un rocher entourée d'une ceinture de palmiers clair-semés.

DÉPARTEMENT D'ALGER

Le département d'Alger comprend 4 arrondisssements :

Alger. 482.152 hectares de superficie, 212.641 habitants. — *Milianah*. 99.910 hectares, 22.381 habitants. — *Orléansville*. 53.309 hectares, 16.597 habitants. — *Tizi-Ouzou*. 191.456 hectares, 128.516 hahabitants.

Le territoire militaire comprend les subdivisions d'*Alger*, du *Fort National*, d'*Aumale*, de *Médéah* et de *Milianah* ; il présente une superficie de 9.689.924 hectares et une population de 529.155 habitants.

Alger (Icosium) ou Al-Djezair (l'île), capitale de l'Algérie, siège du gouvernement, est située par 0°44'10" de longitude Est et par 36°47'20" de latitude nord, sur la baie d'Alger, à 772 kilomètres de Marseille, 510 d'Oran, 422 de Constantine et 657 de Tunis. Elle renferme 64.000 habitants. Cette ville s'élève en amphithéâtre sur le revers d'une colline que domine la *Casbah* (citadelle). Son enceinte est bastionnée et protégée par les forts de *Babazoum*, *Vingt-quatre-heures*, *Matifou*, de l'*Eau*, des *Anglais*, de *Pescade* et surtout par le fort *L'Empereur*. Elle contient toutes les branches du commerce européen.

Sidi-Ferruch se trouve à l'ouest, dans le Sahel. C'est là que les Français débarquèrent en 1830. *Staouëli* où les Français furent victorieux le 19 juin de la même année est tout près.

Koléah ou *Coléah* est au sud-ouest d'Alger, dans la plaine de la Métidja, entre le Sahel et le petit Atlas.

Blidah se trouve à 48 kilomètres au sud-ouest d'Alger, au milieu d'un pays fertile, surtout en oranges. Cette ville a 10.000 habitants.

Bouffarik, au nord-est de Blidah, a 4.000 habitants.

Le *Foudouk*, l'*Arba*, *Marengo*, *Rovigo*, *Harrach*, sont des villages agricoles de la région.

Milianah est à 118 kilomètres au sud-ouest d'Alger sur le versant méridional des monts Dahra, non loin du cours du Chéliff. Cette ville compte 6.000 habitants.

Cherchell est à 65 kilomètres d'Alger (Julia Cœsarea) elle a 5.000 habitants.

Teniet et *Hâad* sont des bourgades au sud-ouest de Milianah.

Médéah est à 90 kilomètres au sud-ouest d'Alger, sur le versant septentrional des monts Darah et sur les bords de la Chiffa. Cette ville a des entrepôts de laines et de céréales. Elle compte 10.000 habitants. C'est l'ancienne capitale de l'Etat de Tittery.

Boghar est un marché assez important de bestiaux.

Orléansville se trouve à 210 kilométres au sud-ouest d'Alger sur le Cheliff ; cette ville qui compte 4.500 habitants est un marché de blés et de laines.

Tenez où il y a des mines de cuivre et des carrières de marbre a 7000 habitants.

Dellys (Rusucurrus) est au nord-est d'Alger ; cette ville qui possède un assez bon port au fond d'une baie, commande par sa position la vallée de Sebaou et une partie du Jurjura. Elle compte 10.000 habitants.

Tizzi du Riou est à 25 kilomètres au sud-est.

Le *Fort National* est un poste militaire au centre de la Kabylie. *Drah-el-Mizan* est un village du sud-ouest.

Aït-Lhassen est une petite ville kabyle où l'on fabrique des fusils à crosses ornementées.

Aumale se trouve au sud-est d'Alger. Cette ville a été bâtie en 1846. C'est un poste militaire important qui défend l'entrée de la grande Kabylie et le défilé qui réunit les provinces d'Alger et de Constantine. Elle compte 5.000 habitants.

Dans le Sahara se trouvent : *Taguin*, sur la rive gauche du Chéliff, où fut prise la Smalah d'Abd-el-Kader en 1846 ; *El-Aghouat* prise en 1852, 3.600 habitants ; Aïn Madhy ; *Tadjemont* ; *Gardaia*, à 180 kilomètres au sud de Laghouat ; *Guerrara* chez les Beni-Mzab, peuple berbère et cultivateur, et *Ouargla*, dans l'oasis de ce nom.

DÉPARTEMENT DE CONSTANTINE

Le département de Constantine comprend 6 arrondissements : *Constantine.* 793.953 hectares, 155.483 habitants. — *Bône*, 368.119 hectares. 54.369 habitants. *Sétif.* — 358.061 hectares, 60.208 habitants. — *Bougie.* 46.872 hectares, 21.334 habitants. — *Guelma.* 67.257 hectares, 18.505 habitants. — *Philippeville.* 263.303 hectares, 55.317 habitants.

Le territoire militaire comprend 4 subdivisions : *Constantine, Bône, Batna et Sétif* qui ont une superficie de 10.908.812 hectares et une population de 650.337 individus.

Constantine (ancienne Cirta) est le chef-lieu du département du même nom. Cette ville qui est située à 422 kilomètres d'Alger compte 40.000 habitants. Elle fut prise en 1837 par le général Valée. Sous ses murs furent tués les généraux Damremont et Perregaux. Elle est bâtie sur un plateau à pic auquel le Rummel sert de fossé. Des fortifications nombreuses jointes à sa situation formidable la rendent imprenable. Massinissa et Jugurtha célèbres par leurs luttes contre Rome sont nés à Constantine, alors capitale de l'ancienne Numidie. On y fabrique des articles de sellerie, des burnous et des instruments aratoires.

Philippeville (ancienne Russicada) est un port de mer assez important. La ville qui est entourée d'un mur crénelé compte 16.000 habitants.

Djijelli et *Colloh* sont des localités sans grande importance. *Stora* est un petit port qui se trouve à 2 kilomètres de Philippeville. Le bourg est construit au pied même des falaises que couronnent de beaux bois de chêne-liège. Les environs de Stora comme ceux de Philippeville sont très pittoresques et bien cultivés, surtout sur les bords de la Saf-Saf, charmante petite rivière dont le lit est malheureusement peu profond.

El-Arrouch est une petite localité située non loin de la rive gauche de la Saf-Saf. *Milah* non loin de l'Oued-el-Kébir se trouve au nord-ouest et à peu de distance de Constantine. *Djimlah* à l'ouest de Milah renferme des ruines romaines.

Aïn-Beida, au sud-est de Constantine, se trouve près du lac de Tharf. *Tebessa* est située sur un affluent de la Medjerdah, près de la frontière tunisienne.

Sétif à 130 kilomètres de Constantine, sur un affluent du Bou-Sellam, compte 11.000 habitants. Cette ville est un poste militaire et un centre agricole important.

Bougie à 226 kilomètres de Constantine, compte 5.000 habitants. Cette ville, ancienne cité sainte des

Arabes, se trouve à l'embouchure de l'Oued-Sahel. Elle fut fortifiée en 1510 par Pierre de Navarre. On remarqne près de Bougie, dans la mer, un énorme rocher qui offre une ouverture assez grande pour que les navires levantins puissent y passer toutes voiles dehors.

Msilah est une petite localité située au Nord de la Sebka du Hodna et sur les bords de l'Oued-el-Ksab. *Boussaada* est située au sud-ouest sur un affluent du Bou-Saad ; on y fabrique des couteaux. *Batna*, au nord du massif de l'Aurès fut fondée en 1844 ; Elle domine le plateau de Sbakh qui fait partie du Tell. *Lambessa*, jadis ville romaine importante, se trouve à 100 kilomètres de Constantine et tout près de Batna. Cette ville sert de pénitencier militaire et possède des mines qui couvrent un espace de 4 kilomètres carrés.

Biskra, au sud-ouest de Batna, sur un affluent de l'Oued-Djeddi, est la capitale de l'oasis du Ziban. Elle compte 7.000 habitants. On y fabrique des burnous et des poteries. *Zaatcha*, à l'ouest, dans les montagnes du Djebel Ennaïma fut prise en 1849. *Sidi-Obka* est est une petite ville du sud-est qui est réputée sainte parmi les Arabes.

Bône, au nord est de Constantine, est un port de mer important, à l'embouchure de la Seybouse et au pied du mont Edough. Cette ville est en même temps place forte et contient 25.000 habitants. Dans les environs, à 2 kilomètres, se trouvent les ruines d'Hippone, l'ancien évêché de Saint-Augustin. On y remarque aussi des mines de fer et des forêts considérables.. Le commerce de Bône est très actif.

La Calle qui compte 6000 habitants est bâtie sur un rocher isolé au pied d'une colline. Elle fut détruite en 1827 par les Turcs algériens. Elle est le centre de la pêche du corail depuis le XVIe siècle.

Guelma se trouve à 85 kilomètres de Constantine, sur la Seybouse. Elle compte 4.000 habitants. Dans ses environs, à 18 kilomètres, sont les bains fameux de Hammam.

Soukarrhas, au sud, est un marché important.

Dans le Sahara sont situées : *Tougourt* ou *Tuggurt* qui est la capitale des Ouled Rir et le centre d'un commerce considérable. *Tamerna, Temacin-el-Oued* au nord et au sud de Tougourt sont des localités de peu d'importance ; à Temacin on récolte du tabac estimé.

Viabilité : Routes et Chemins de fer. — Les voies de communication, les routes et les chemins de fer sont une source de prospérité pour un pays. On les multiplie en Algérie avec raison. Le réseau des chemins de fer algériens achevé, outre les nombreux avantages qu'il présente pour la sûreté et la rapidité des transactions commerciales permettra de diminuer considérablementt l'effectif des troupes d'occupation en facilitant uue concentration rapide de forces militaires importantes sur un point déterminé. Une réduction de 10.000 hommes sur 50.000, produirait déjà une économie de plus de 10.000.000 de francs par an.

L'ensemble des voies de communication comprend des routes nationales, des routes départementales, des chemins vicinaux et de grande et de petite communication.

LONGUEUR DES ROUTES NATIONALES DE L'ALGÉRIE

AU 1er JANVIER 1885

DÉPARTEMENTS	A L'ÉTAT D'ENTRETIEN			EN LAGUNE	TOTALES
1	2	3	4	5	6=2+3+5
	EMPIERRÉES	PAVÉES ET AUTRES	TOTALES		
	kilom.	kilom.	kilom.	kilom.	kilom.
Alger..........	718.428	0.093	718.521	357.501	1.076.022
Constantine { Constantine	579.133	«	579.133	49.250	628.383
Constantine { Bône......	91.630	«	91.630	50.874	142.504
Constantine { Philippeville..	100.217	«	100.217	»	100.217
Oran..........	695.615	«	695.615	302.900	998.515
Totaux.....	2.185.023	0.093	2.185.116	760.525	2.945.641 k
Rappel de 1884....	2.153.863	0.093	2.153.956	791.685	2.945.641

Les routes nationales sont : 1° d'Alger à Laghouat par Médéah ; 448 kilomètres. 2° d'Oran à Tlemcen par

Mers-el-Kébir ; 139 kilomètres. 3° de Philippeville à Biskra par Constantine ; 325 kilomètres. 4° d'Alger à Oran par le Chéliff ; 424 kilomètres. 5° d'Alger à Constantine par Sétif ; 440 kilomètres. 6° d'Oran à Géryville par Mascara et Saïda ; 333 kilomètres. 7° de Relizane à Cap du Maroc par Mascara ; 347 kilomètres. 8° d'Alger à Boussaada par Aumale ; 247 kilomètres. 9° de Bougie à Sétif par El Akra ; 111 kilomètres. 10° de Constantine à Tebessa par Ouled-Rhamoun ; 169 kilomètres.

Elles présentaient au 31 décembre 1881 un développement de 2983 kilomètres en excédant, comme on le voit, sur le chiffre actuel qui n'est que de 2945 kilomètres. A la même époque la longueur totale des routes départementales était de 1.316 kilomètres 020 ; celle des chemins de grande communication de 4.982 kilomètres 328 et celle des chemins d'intérêt commun de 1.298 kilomètres 573.

La longueur des lignes de chemins de fer concédées et déclarées d'utilité publique était au 31 décembre 1883 de 1976 kilomètres. Depuis cette époque ont été déclarés d'utilité publique les chemins de fer suivants :

Le 21 mai 1884. Ligne de Bougie à Beni-Mansour (Est Algérien) :
87 kil.

Le 3 Juillet 1884. Ligne d'Aïn Thyzy à Mascara (Franco-Algérienne) . . . . 11 kil.

Le 21 Juillet 1884. Ligne de Batna à Biskra (Est Algérien) 121 kil.

Total. . . . . 219 kil.
Longueur concédée définitivement au 31 décembre (1884) 1.976 kil.

Total général. . . . . 2.195 kil.

La longueur des lignes de chemins de fer en exploitation était en 1878, de 759 kilomètres. En 1881, de 1426 kilomètres. En 1883, de 1779 kilomètres.

Commerce général. — Les Importations portent principalement sur les viandes salées, les fromages les graisses, les farines de toutes sortes, les légumes secs, le sucre, le café, l'huile d'olive, les fontes, fers et aciers, les poteries, les matériaux de construction, les tissus, les papiers et cartons, les meubles, les vêtements, les articles de mercerie, les verres et cristaux, le tabac fabriqué, les savons et autres articles de parfumerie.

Les exportations comprennent des bœufs, des moutons, des peaux brutes de toutes sortes, des soies, de la cire, du corail brut, des sangsues, des os, sabots et cornes de bétail, des céréales, du liège brut, du lin, du coton, du marbre et des minerais de fer, de cuivre et de plomb.

Les tableaux suivants font connaître le mouvement général des importations et des exportations pendant un certain nombre d'années.

PÉRIODES	COMMERCE GÉNÉRAL		TOTAUX
	Importations	Exportations	
	f	f	f
1830 à 1840	150.600.000	20.800.000	171.400.000
1840 à 1850	719.000.000	36.800.000	755.800.000
1850 à 1860	1.255.300.000	292.700.000	1.548.000.000
1860 à 1865	808.400.000	311.900.000	1.120.300.000
1865 à 1870	917.946.171	504.382.610	1.422.328.781
1870 à 1877	1.373.621.771	1.012.792.819	2.386.414.590
1877 à 1880	1.009.226·707	585.445.273	1.594.671.980
	6·234.094.649	2.764.820.702	8.998.915.351

MOUVEMENT DU COMMERCE DE L'ALGÉRIE AVEC LA FRANCE
seulement, pendant les années 1882 et 1883

IMPORTATIONS		EXPORTATIONS	
en 1882	en 1883	en 1882	en 1883
165.397.000 f.	154 478.000 f.	96.047.000 f.	(1) 95.453.000 f.

(1) Chiffres donnés par le ministère du Commerce.

Entrées et sorties des navires chargés en 1882, dans les ports Algériens

PORTS	NAVIRES	TONNES
		T
Alger	3,217	1,490,529
Bône	3,043	1,327,183
Oran	3,980	1,028,875
Philippeville	1,935	933,408
Bougie	580	262,585
Djijelli	674	209,127
Beni-Saf	319	203,068
Collo	525	161,976
Dellys	302	108,082
Arzew	308	77,068
La Calle	813	62,203
Mostaganem	253	58,385
Nemours	278	43,635
Tenez	258	25,496
Mers-el-Kébir	161	11,533
Cherchell	159	5,673
Stora	38	394
Autres ports	1,279	72,374
TOTAUX	18,122	6,081,594

Le mouvement maritime spécial entre la France et l'Algérie comprend : 2,008,922 tonnes, en 1882.

Mouvement de la navigation de l'Algérie avec la France et l'Etranger
PENDANT L'ANNÉE 1882
(Entrées et Sorties réunies. — Voiles et Vapeurs réunis).

	NAVIRES CHARGÉS			NAVIRES SUR LEST			NAVIRES CHARGÉS ET SUR LEST			PROPORTION P. °/₀		
	Nombre de navires	Tonnage de jauge	Nombre d'hommes d'équipage	Nombre de navires	Tonnage de jauge	Nombre d'hommes d'équipage	Nombre de navires	Tonnage de jauge	Nombre d'hommes d'équipage	Nombre de navires	Tonnage de jauge	Nombre d'hommes d'équipage
Navires sous pavillon français.	13.214	4.962.714	271.226	2.829	293.262	19.285	16.043	5.255.976	290.511	71	78	79
Navires étrangers	4.908	1.117.782	58.672	1,522	325.537	15.087	6.430	1.443.319	73.759	29	22	21
Totaux....	18.122	6.080.496	329.898	4.351	618.799	34.372	22.473	6.699.295	364.270	100	100	100

L'effectif de la marine marchande des ports Algériens étaint au 31 décembre 1882 de 157 navires jaugeant 5900 tonneaux.

Pêche du Corail. — Les expéditions de corail effectuées dans le courant de l'année 1875 ont atteint un poids de 34.785 kilogrammes et une valeur de 1.043.550 francs, celles de 1876 n'ont pas dépassé 33,028 kilogrammes représentant une valeur de 990.480 francs.

Il y a deux catégories de pêcheurs : les Français indigènes ou naturalisés exonérés de tous droits et les étrangers payant patente. Pour être admis à la gratuité de la pêche, les bateaux devront avoir été construits en France et en Algérie, ou être francisés ou appartenir à des Français ou naturalisés; les patrons et les trois quarts de leurs équipages devront être français, indigènes ou naturalisés. (*Art. 3 du décret du 19 décembre 1876*).

Budget. — De 1871 à 1881 les recettes du budget ordinaire se sont accrues de 2.939.551 francs ; les ressources spéciales ont diminué de 133.683 francs et il reste comme augmentation 2.805.868 francs.

De 1872 à 1880 le budget de l'Algérie s'est accru en recettes de toutes sortes de 7.669.471 francs.

Instruction publique. — Alger est le siège d'une académie qui comprend dans son ressort les trois départements algériens. Le haut personnel se compose d'un recteur, chef de service et de trois inspecteurs d'académie résidant au chef-lieu de chaque département. L'enseignement supérieur comprend : l'Ecole de Médecine et Pharmacie, les cours supérieurs de langue arabe, les Médraça ou Ecoles musulmanes d'instruction supérieure et l'Observatoire d'Alger.

L'enseignement secondaire compte actuellement dans la province d'Alger : Le lycée d'Alger et les colléges de Blidah, Médéah et Milianah ; dans celle d'Oran : les collèges d'Oran, de Mostaganem et de Tlemcen ; dans celle de Constantine : les collèges de Constantine, de Philippeville et de Sétif. (Le lycée de Constantine n'est pas encore complètement achevé).

L'instruction primaire est partout donnée gratuitement et les écoles renferment presque tous les enfants en âge de les fréquenter.

NOMBRE DES ETABLISSEMENTS D'INSTRUCTION Au 31 décembre 1881			
	Alger	Oran	Constantine	Total
---	---	---	---	---
Lycées.........	1	»	»	1
Collèges communaux........	3	3	4	10
Etablissements libres.........	1	1	»	2

ANNÉES	NOMBRE DES ÉLÈVES fréquentant les Etablissements d'Instruction.		
	Publics	Libres	Total
1876	2.979	322	3.301
1879	3.441	376	3.817
1880	3.340	64	3.404
1881	3.384	117	3.501

Justice. — Il y a en Algérie 4 Cours d'Assises : à Alger, Oran, Constantine et Bône; 13 tribunaux de première instance et des tribunaux de simple police.

Les tribunaux de première instance fonctionnent : à Alger, depuis 1842 ; Blidah, 1844 ; Orléansville, 1880; Tizi-Ouzou, 1873 ; Oran, 1842 ; Mascara, 1880 ; Mostaganem, 1856 ; Tlemcen, 1860 ; Constantine, 1849 ; Bône, 1842 ; Bougie, 1873 ; Pilippeville, 1842 ; Sétif, 1860.

Les maisons centrales et les prisons civiles sont, dans le département d'Alger :

La maison centrale de l'Harrach, pour hommes ;

L'établissement du Lazaret pour femmes ;

La colonie pénitentiaire de M'Zéra, pour jeunes détenus ;

Les prisons civiles d'Alger, de Blidah et de Tizi-Ouzou ;

Dans le département d'Oran :

Les prisons civiles d'Oran, de Mascara, de Mostaganem, de Tlemcen et de Sidi-Bel-Abbès.

Dans le département de Constantine :

La maison centrale de Lambèze pour hommes ;

Les prisons civiles de Constantine, Bône, Philippeville Sétif et Bougie.

Cultes. — Il y a en Algérie trois diocèses : Alger, siège d'un archevêché ; Constantine et Oran, évêchés. L'évêché de Constantine fondé au onzième siècle a été rétabli le 25 juillet 1866. Celui d'Alger (évêché d'Icosium) fondé au onzième siècle a été rétabli le 9 août 1838. Le haut personnel du diocèse d'Alger comprenait dans ces dernières années : un archevêque, un évêque in partibus et 3 vicaires généraux.

Celui d'Oran : un évêque, un vicaire général et un sécrétaire de l'évêché ;

Celui de Constantine un évêque, deux vicaires généraux et un secrétaire général de l'évêché.

Le nombre des paroisses était tout récemment de 100, dans le département d'Alger ; de 67, dans le département d'Oran et de 58 dans celui de Constantine.

Les églises cathédrales sont à Alger : l'église Métropolitaine (cathédrale St-Philippe) ; Notre-Dame des Victoires, St-Augustin et Ste-Croix (Casbah); à Oran : les églises St-Louis, St-André et St-Esprit ; à Constantine : Notre-Dame des Sept Douleurs ; à Bône : l'église St-Augustin.

Le Culte protestant a des temples à Alger, Blidah, Boufarik, Cherchell et Douéra dans la province d'Alger; à Oran, Mostagauem, Mascara et Tlemcen dans celle d'Oran; à Constantine, Philippeville, Bône, Aïn-Arnat et Guelma dans celle de Constantine.

Le Culte Israélite compte un consistoire provincial au chef-lieu de chaque département. Chaque consistoire se compose d'un grand rabbin et de dix membres laïques élus. Chaque consistoire a en outre un représentant auprès du Consistoire de Paris.

Armée. — L'armée d'Afrique forme le 19e corps d'armée et comprend les trois divisions d'Alger, de Constantine et d'Oran.

L'effectif des troupes était en :

1871 de 86.322 hommes et de 16.448 chevaux
1872 de 73.553   id.   15.723   id.
1876 de 50.598   id.   14.036   id.
1879 de 55.937   id.   14.478   id.
1880 de 52.761   id.   14.425   id.
1881 de 81.250   id.   16.278   id.

L'effectif normal paraît devoir être de 50.000 hommes et de 14.000 chevaux. Il faut remarquer que les années 1871, 1872 et 1881 sont des années d'insurrection.

La mortalité dans l'armée d'Afrique est de 1.36 0/0 en moyenne.

Un service de remonte pour la cavalerie est établi à Blidah, Mostaganem et Constantine.

Représentation. — L'Algérie nomme six députés, (deux par département) (*Loi du 16 juin 1885*) et 3 sénateurs.

HISTOIRE. — L'Algérie actuelle comprend une partie de la Mauritanie Césarienne et de cette ancienne Numidie que les luttes de Massinissa et de Jugurtha contre Rome ont rendue célèbre. Elle a été tour à tour envahie par les Vandales, sous Gensérie, 429-439, par les Arabes et par les Turcs. L'occupation romaine y a laissé ces grandes traces de pierres que l'on remarque partout où ce peuple conquérant et bâtisseur a séjourné. Ainsi l'on trouve : sur les côtes de la Méditerranée, les restes de plusieurs aqueducs ; dans la province de Constantine, les ruines de Collo, ville romaine ; à Cherchell, les vestiges d'un port romain et d'une grande ville ; sur la route de Bône à Constantine, les restes d'un édifice thermal ; sur le Chéliff les arches d'un ancien pont romain ; sur la route d'Alger à Oran les ruines de l'ancienne cité romaine, Milliana, sur lesquelles s'élève aujourd'hui Milianah ; enfin, un peu partout, des débris d'aqueducs, des voies romaines, des colonnes à moitié enfoncées dans le sable, des citernes et des inscriptions latines.

Alger, où les Maures expulsés d'Espagne au XVe siècle, vinrent se réfugier, était depuis longtemps le refuge de ces hardis pirates musulmans qui infestèrent la Méditerranée pendant plusieurs siècles.

Barberousse (Aroudj), premier roi d'Alger, ainsi nommé à cause de la couleur de sa barbe, se rendit fameux par ses excursions sur les côtes d'Italie et d'Espagne. Il périt dans un combat contre les Espagnols, en 1518. Son frère Barberousse (Hariadan) fut encore plus célèbre ; il reconnut la suzeraineté de la Porte, appela les Turcs à Alger et fut amiral de Soliman. Il vainquit, dans les eaux de Candie, la flotte chrétienne forte de 300 voiles et commandée par le célèbre Doria. On a prétendu avec quelque raison que ce roi corsaire était d'origine française, gentilhomme de Saintonge et de la famille d'Authon.

En 1510 les Espagnols s'étaient emparés d'Alger et y avaient bâti sur un rocher isolé des fortifications pour en protéger le port, mais, dès 1516, cette ville avait recouvré son indépendance, et, depuis, elle ne put être complètement réduite, ni par Charles-Quint en 1541, ni par le duc de Beaufort, en 1663 et 1665, Duquesné en 1682 et 1683, Tourville en 1687. O'Reilly en 1775, lord Exmouth en 1816 l'avaient menacée, humiliée, mais non terrassée. Le peu de succès des expéditions dirigées contre elle avait accru l'audace de son gouvernement à ce point qu'en 1830 il ne craignit pas d'engager la lutte avec la France.

Nos griefs contre Alger remontaient au gouvernement du Dey, Hussein Pacha, en 1818. Mais ce fut surtout depuis 1824 que les insultes se multiplièrent à notre égard. A cette époque, et malgré les traités conclus entre nous et la régence, des perquisitions furent faites dans la maison de notre consul à Bône ; des autorisations de séjourner et de commercer dans cette ville et sur les côtes de la province de Constantine furent accordées à des étrangers, un droit de 10 0/0 fut établi sur toute marchandise de provenance française ; en 1826 des navires qui appartenaient au Saint Siège, mais que couvrait notre pavillon, furent capturés et gardés par la Régence, malgré nos protestations ; des visites arbitraires, des déprédations, des violences de toutes sortes furent faites à bord des navires français ; enfin notre souveraineté sur le territoire côtier qui est compris entre la Seybouse et le Cap Bon et qui était reconnue dès le milieu du XVe siècle fut méconnue ; en 1827 lorsque le consul de France se rendit, le 30 avril, à Alger, pour complimenter le Dey, suivant l'usage, à l'occasion des fêtes musulmanes, il reçut une insulte grossière ; et, quand sur l'ordre du gouvernement français, le consul quitta Alger, le Dey fit détruire nos établissements sur la côte d'Afrique et notamment la Calle qui fut pillée et ruinée de fond en comble. Alors commença le blocus d'Alger qui nous coûta plus, sans produire aucun résultat, de 20 millions. Le gouvernement de Charles X s'apercevant que ce blocus était inefficace envoya, au mois de juillet 1829 M. de La Bretonnerie à Alger pour adresser au Dey nos justes réclamations; mais ce dernier refusa de nous entendre et, lorsque le bâtiment qui portait notre ambassadeur s'éloigna, fit faire feu sur lui de toutes les batteries de la Casbah, jusqu'à ce qu'il fût hors de vue. Cette insigne violation du droit des gens ne pouvait rester sans châtiment. La guerre fut donc décidée. Une flotte et un corps de débarquement considérables se réunirent à Toulon.

L'armée placée sous les ordres du général Bourmont comprenait 37.639 hommes, 3.853 chevaux et 70 pièces de canon ou obusiers de gros calibre. La flotte commandée par l'amiral Duperré était composée de 644 bâtiments dont 107 de la marine royale.

Contrariée d'abord par les vents, la flotte qui était partie de Toulon le 25 mai 1830 n'arriva à Sidi-Ferruch que le 13 juin après avoir relâché à Palma, le 3 juin et y être restée jusqu'au 10. Pendant ce temps le Dey d'Alger avait fait ses préparatifs de défense. La milice turque et les contingents des beys d'Oran, de Tittery et de Constantine rassemblés à Alger présentaient un effectif de 60.000 combattants auxquels s'étaient encore joints quelques milliers d'Arabes venus de l'Atlas. Malgré cette accumulation de forces le débarquement de nos troupes s'effectua heureusement et l'ennemi battu à Sidi-Ferruch, à Staouëli, à Sidi-Kalef, sous les murs d'Alger, était contraint de fuir dans toutes les directions ou de s'enfermer dans les murs d'Alger. Après la prise du fort l'Empereur, Alger bombardée et minée capitula le 5 juillet.

Les frais de l'expédition qui s'élevèrent à 49 millions 107.433 fr. 80 furent couverts par le Trésor du Dey, par le matériel naval et d'artillerie et les autres objets précieux qui furent le fruit de la conquête. Les lingots d'or et d'argent provenant du Trésor du Dey fondus à la Monnaie de Paris produisirent en espèces, à l'effigie de Louis-Philippe, 39.684.456 francs.

Après la prise d'Alger, nous restâmes dans l'inaction et les Arabes s'imaginèrent que nos troupes étaient réduites à camper sous la protection des canons de cette ville. Ils attaquèrent nos avant-postes et assassinèrent les hommes isolés. Le maréchal de Bourmont pensa qu'une expédition armée dans l'intérieur calmerait l'ardeur belliqueuse des indigènes. Il partit donc pour Blidah où il entra sans résistance aprés avoir traversé les plaines alors arides et desséchées de la Métidja. Mais, au retour, une centaine de nos hommes furent tués dans une embuscade tendue par le bey de Tittery.

Le peu de succès qu'il avait retiré de cette excursion décida le maréchal à agir avec vigueur et à étendre notre domination sur les deux provinces d'Oran et de Constantine. Le général Damrémont s'empara de Bône le 25 juillet ; cette ville comptait alors 2.000 habitants, et la mit en état de défense. Bien lui en prit, car des nuées d'Arabes vinrent bientôt l'attaquer ; il les repoussa, mais le 18 août il reçut l'ordre de rentrer à Alger. A la même époque le capitaine Le Blanc prenait Mers-el-Kébir avec cent marins et le maréchal envoyait un régiment à Oran auquel il donnait bientôt l'ordre de s'arrêter, sur des nouvelles reçues de France. A Bougie nous fûmes encore moins heureux ; la corvette la « Bayonnaise », chargée de prendre cette ville fut reçue à coups de canon et obligée de s'éloigner. Le 2 septembre le maréchal de Bourmont remit son commandement au maréchal Clauzel venu par l' « Algésiras ». Pendant que nous tergiversions et que le gouvernement entassait règlements sur règlements, notre ennemi le plus redoutable, le Bey de Tittery, Bou Mezrag, nous déclarait ouvertement la guerre.

Le maréchal Clauzel résolut de l'attaquer dans sa capitale même, à Médéah, et, dans ce but, partit d'Alger avec une colonne expéditionnaire forte d'environ 8.000 hommes et où figuraient pour la première fois des Kabyles de la tribu des Zouaouas enregimentés sous nos drapeaux sous les ordres du fameux Yousouf, mameluk de Tunis, qui devait par la suite prendre un si grand empire sur le vieux maréchal. Le 21 novembre l'armée passa, après l'avoir forcé, le col de la Mouzaïa où elle perdit 200 hommes et entra le lendemain à Médéah qui ne lui opposa aucune résistance. Le 26, la colonne rentrait à Alger laissant un nouveau bey dans la capitale de Bou-Mezrag. Mais cette ville où nous avions installé une garnison fut évacuée peu de temps après. L'indécision du gouvernement de la Métropole, qui n'osait trop s'avancer, paralysait les efforts de nos généraux et le maréchal Clauzel furieux se plaignit si vivement qu'il fut rappelé.

Depuis son départ jusqu'au 10 août 1835, l'Algérie fut administrée : par Berthezène, de janvier 1831 à janvier 1832 ; par Savary de Rovigo, de janvier 1832 à mars 1833 ; par Avizard pendant deux mois ; par Voiral, pendant 15 mois, jusqu'en septembre 1834 et, enfin, par Drouet d'Erlon jusqu'au 10 août 1835. Sous le gouvernement de ces généraux, qui avaient leurs vues personnnelles et différentes, on piétina sur place et on laissa croire aux Arabes que nous ne nous établirions jamais solidement en Algérie. Cependant toute la plaine de la Métidja, Oran et Mostaganem furent occupés définitivement et nos troupes rentrèrent à Bône et à Bougie. A cette époque, en 1832, le général Trezel institua les bureaux arabes où des officiers français connaissant la langue du pays devaient remplacer les interprètes dans lesquels on ne pouvait avoir qu'une très médiocre confiance.

Quoiqu'il en soit le maréchal Clauzel trouva, à son retour, notre influence gravement atteinte. Abd-el-Kader dominait depuis Médéah jusqu'à Tlemcen, et la Métidja était sillonnée dans tous les sens par ses partisans. Afin de mettre un terme à ces excursions qui ruinaient nos premiers établisssements agricoles et tourmentaient nos soldats, le maréchal partit avec une faible colonne, mais, à peine fût-il parvenu au col de la Mouzaïa, qu'il dut rétrograder devant le nombre des tribus soulevées. Il ordonna alors au lieutenant-colonel Marey, Agha des Arabes, de faire des razzias, mode de repression barbare qui a allumé contre nous dans le cœur des Arabes une haine que tous nos efforts par la suite n'ont pas réussi à éteindre complètement.

Le maréchal Clauzel, voulant cependant faire taire les critiques que son inaction et ses demi-succés avaient soulevées de tous côtés, sortit d'Alger le 17 octobre avec cinq mille hommes, décidé cette fois à frapper un grand coup. Il brûla les villages des Hadjouts qui nous étaient hostiles, visita Blidah, s'arrêta une nuit à Boufarick puis rentra le lendemain à Alger espérant en avoir imposé aux Arabes par la présence de ses troupes. Mais de graves évènements s'étaient passés dans la province d'Oran et nécessitèrent la prise de Mascara. Abd-el-Kader avait fait répandre le bruit que la France, sur le point d'avoir une guerre continentale, allait être obligée d'abandonner toutes ses conquêtes. Cette fausse nouvelle propagée parmi les tribus réchauffa le zèle de ses partisans et effraya nos tribus alliées qui se replièrent sur nos avant-postes. La situation devenait critique et nos possessions dans cette région paraissaient gravement compromises. Le 21 novembre, le maréchal accompagné du duc d'Orléans, fils aîné de Louis-Philippe, arriva à Oran. Le corps expéditionnaire qu'il avait sous ses ordres était fort de 11.000 hommes y compris les Douars alliés. Après divers combats où les Arabes furent taillés en pièces nos troupes entrèrent, le 6 décembre, dans les murs de Mascara. Mais, au lieu de profiter de l'effet moral produit par cette rapide campagne et de s'installer fortement dans le pays conquis, le maréchal fit évacuer la ville et après l'avoir incendiée, le 8 décembre, rentra à Oran avec toute l'armée. Par un arrêté du 8 décembre 1835 il divisait la province d'Oran en trois beyliks et un arrondissement, savoir : les beyliks de Tlemcen, de Mostaganem et de Cheliff et l'arrondissement d'Oran.

La faute du maréchal, en n'occupant pas Mascara qui était le berceau de la puissance de l'Emir et le centre de plusieurs grandes tribus attachées à sa fortune, était capitale ; mais il est à présumer que le faible effectif dont il disposait ne lui permit pas d'y laisser une forte garnison. Ce qu'on ne peut lui pardonner c'est l'incendie de cette ville, incendie inutile qui raviva toute la haine des Arabes contre nous. Le mauvais choix qu'il fit ensuite des nouveaux beys, la plupart Turcs, fut aussi l'une des causes que prolongea la résistance des tribus hostiles. L'Emir dont les pertes avaient été peu considérables à Mascara où il n'avait opposé qu'une faible résistance reparut devant Tlemcen avec de nombreux contingents. Le maréchal Clauzel fut obligé de tenir la promesse qu'il avait faite aux Koulouglis bloqués dans le Méchouar de les débarrasser de leurs ennemis. Il quitta donc Oran le 8 janvier 1836 avec 7.000 hommes commandés par les généraux Perrégaux et d'Arlanges et par le colonel Vilmorin du 11e de ligne. Le 13 janvier, après cinq jours de marche, la colonne atteignit Tlemcen et délivra les Koulouglis et leur héroïque chef, Mustapha-ben-Ismaël, qui, pendant cinq années, avec une garnison de 750 hommes, avait repoussé les attaques incessantes des Arabes.

Abd-el-Kader poursuivi par nos troupes fut complètement battu, le 17, et laissa entre nos mains plus de deux mille prisonniers. C'était le moment d'agir énergiquement dans la province et d'y abattre la puissance de l'Emir, mais le maréchal se prêtant aux vues ambitieuses de Yousouf, auquel il avait promis le beylik de Constantine, résolut de demander l'autorisation, qu'il obtint, de faire une expédition contre cette ville.

Après avoir imposé une lourde contribution de guerre aux habitants de Tlemcen, le maréchal rentra à Oran le 12 février, pensant qu'Abd-el-Kader, fugitif et abandonné, ne trouverait plus d'asile que dans le désert. Il quitta la province entièrement rassuré sur sa pacification, en y laissant toutefois le général Perregaux, à la tête d'une colonne mobile de 5.000 hommes pour surveiller la vallée du Chéliff, obtenir les soumissions des dernières tribus insoumises et constituer le beylik de cette contrée à l'instar de ceux de Mostaganem et de Tlemcen, puis retourna à Alger le 22 février afin de préparer son expédition contre Constantine. Il laissait derrière lui, en réalité, Abd-el-Kader plus puissant que jamais, malgré ses revers, et imposant son autorité à Milianah, Cherchell et Médéah. S'il avait su profiter de l'alliance précieuse que nous offraient alors les Hadjoutes, les Koulouglis de l'Oued-Zeïtoum, les Beni-Misrah et les cheiks des tribus de la montagne Beni-Moussa, il aurait pu écraser l'Emir d'un seul coup.

Le maréchal Clauzel, avant de s'embarquer pour la France où il voulait s'entendre une dernière fois avec le gouvernement au sujet de son expédition contre Constantine, confia l'administration de Bône à son protégé Yousouf. Pendant son absence, le camp français établi au confluent de l'Isser et de la Tafna, sous le commandement du général d'Arlanges et qui comptait 3.000 hommes était évacué ; le bey Ibrahim abandonnait Mazagran et se repliait sur Mostaganem et nos troupes ne pouvaient plus s'aventurer hors de l'enceinte des villes sans courir le risque d'être attaquées. Le maréchal de camp, Bugeaud, le même qui, en 1815, dans la vallée du Grésivaudan, avec le 64e de ligne, avait osé attaquer plus de 8.000 autrichiens et les avait battus, fut chargé de remédier à cet état de choses critique.

Sorti du camp de la Tafna, le 12 février, vers minuit, à la tête de six mille hommes et après divers engagements où nos troupes eurent constamment le dessus, Bugeaud poussa les Arabes devant lui avec la plus grande vigueur, entra à Oran le 16, atteignit Tlemcen le 24 et, le 6 juillet 1836, rencontra les Arabes commandés par Abd-el-Kader à la Sicka où il leur infligea une sanglante défaite. Ces succès obtenus par des combinaisons stratégiques rapidement et savamment exécutées établirent la réputation du général Bugeaud qui, s'il eût été à même de poursuivre l'Emir après son échec de la Sicka dont la nouvelle produisit une grande impression sur ses contingents, aurait facilement abattu sa puissance ; mais il dut rentrer en France le 30 juillet et fut nommé lieutenant général.

Yousouf avait écrit à un de ses amis, Sidi-Yacoub, que les Français iraient à Constantine coûte que coûte et la prendraient.

Malgré la répugnance du gouvernement français les craintes qu'inspirait l'influence croissante de l'Emir toujours battu et jamais abattu, la faiblesse de nos effectifs disponibles, le peu de sécurité de nos établissements, l'expédition de Constantine fut résolue. Il fallait avant tout contenter Yousouf.

Le général Trezel se transporta à Bône afin d'y organiser la colonne expéditionnaire. Le 13 novembre, cette colonne se mit en marche. Elle se composait de 7.000 hommes formant cinq brigades commandées par le général de Rigny et les colonels Corbier, Levesque, Petit d'Hauterive et Héquet.

L'artillerie ne comprenait que quatre obusiers et dix pièces de montagne. C'était peu pour s'emparer d'une ville de 40.000 habitants fanatisés, dans une situation naturelle formidable et défendue par de nombreuses fortifications hérissées de canons.

Les chemins étaient si mauvais, le temps si affreux que deux jours après son départ de Bône la colonne avait perdu la moitié de ses bêtes de somme et de leurs conducteurs arabes. On dut s'ouvrir un chemin à travers les rochers de Raz-el-Akha pour le passage des canons. Nos soldats étaient harrassés et affamés, car on n'avait apporté que pour 15 jours de vivres, et le 19 au soir, c'est-à-dire sept jours après son départ, la colonne dont les derrières étaient harcelés continuellement par des nuées d'Arabes n'était parvenue que sur les bords de l'Oued Zenati où elle campa.

Le 21, au milieu d'une affreuse tourmente de neige, les troupes arrivèrent sur le plateau de Mansourah d'où elles pouvaient apercevoir Constantine perchée sur son rocher comme un nid d'aigle et que défendaient des abîmes où grondaient les eaux tumultueuses du Rummel. Beaucoup de nos soldats étaient pris de tremblements fiévreux et le colonel du 62e a raconté que dans l'espace de 50 heures il perdit tués par la fatigue et le froid 10 officiers, 10 sous-officiers et 116 soldats. Cependant ces malheureux qui pouvaient à peine se tenir debout repoussèrent vaillamment plusieurs attaques furieuses des Arabes.

Constantine n'était abordable que par le Koudiat-Aly, hauteur située au sud-ouest de la ville et par la porte d'El-Kantara, sous le feu plongeant de l'artillerie ennemie. Il fallait donc s'emparer avant tout du Koudiat-Aly et y installer des batteries pour foudroyer la ville. La brigade de Rigny s'empara de ce plateau mais ne put s'y maintenir efficacement. D'un autre côté nos soldats attaquèrent les portes d'El-Kantara et de Bal-el-Oued sous un feu terrible mais ne purent les franchir. On était au 23 novembre, les vivres allaient manquer ; les troupes étaient exténuées, l'artillerie n'avait plus que 30 livres de poudre ; on résolut de battre en retraite. Cette retraite fut désastreuse. Le 59e et le 62e de ligne formaient l'arrière-garde ; les spahis étaient en avant ; la brigade de Rigny arrivait sur le plateau de Mansourah-lorsque des nuées d'Arabes sortis de la ville se précipitèrent avec furie sur les derrières et les flancs de la colonne. D'innombrables cavaliers accouraient de tous côtés en jetant des cris féroces. On dut abandonner deux obusiers, quelques caissons d'artillerie, des malades et des blessés ! L'énergie et le sang-froid que déploya dans cette journée Changarnier qui commandait l'arrière-garde sauvèrent la colonne d'un désastre complet et lui permirent de continuer sa route sans être entamée. C'est là, que formant ses 300 hommes en carré, enveloppé de toutes parts par 6.000 Arabes, il s'écria : Allons ! mes amis, voyons ces gens-là en face ; ils sont six mille, nous sommes trois cents, la partie est égale !

Le 28 novembre l'armée passa la Seybouse.

Telle fut la première expédition de Constantine.

Nos pertes s'élevèrent à 11 officiers, 443 soldats tués et 304 blessés dont 16 officiers, mais beaucoup d'hommes durent rentrer dans les hôpitaux et y moururent des suites de leurs fatigues.

A la suite des attaques dont il fut l'objet après cette campagne malheureuse le général de Rigny demanda à passer devant un conseil de guerre qui l'acquitta.

Ces évènements décidèrent le gouvernement à rappeler le méréchal Clauzel qui fut remplacé par le général Denys de Damrémont (Ordonnance du 12 février 1837.) Le général Damrémont débarqué à Alger le 3 avril prit sur le champ les mesures d'ordre que nécessitaient les circonstances, mais il eut le tort de proclamer que « le temps des combats était terminé » au moment même où les Arabes, enhardis par notre échec devant Constantine, entendaient dire par leurs marabouts que nous renoncions à la lutte et que nous ne tarderions pas à être chassés de l'Afrique.

L'Emir avait reçu l'hommage de Blidah et des présents des douars placés sous le canon même de Bouffarik. Il s'apprêtait à recommencer la guerre et bientôt toute la Métidja fut en feu. Le général Damrémont comprit un peu tard qu'il s'était étrangement trompé et le 28 avril il partit pour Blidah avec une forte colonne mais il ne s'y arrêta pas, espérant encore que l'aspect de nos armes en imposerait assez anx populations pour les faire rentrer dans l'obéissance, illusion bien vite envolée. Au retour, le colonel Shauembourg, qui avait été détaché de la colonne pour rejoindre le général Perregaux, fui assailli au passage de Cherob ou Eurob par une masse d'Arabes ou de Kabyles qui espéraient l'acculer à la mer. Ce ne fut qu'après cinq heures de combat que nos héroïques soldats purent arriver sur le Boudounaou où ils trouvèrent des vivres et des munitions que le lieutenant-colonel Bourlon du 84e de ligne y avait apportés.

Le général Damrémont donna l'ordre au commandant de la Torré d'établir un camp en cet endroit. A peine nos troupes étaient-elles à l'œuvre qu'elles furent attaquées par plus de 5.000 Arabes, qui, bien que repoussés, revinrent à la charge à plusieurs reprises. Le général Damrémont se disposait à faire un grand mouvement offensif lorsqu'il apprit avec un étonnement qu'il partagea un peu avec tout le monde que le général Bugeaud, le vainqueur de la Sicka, avait conclu le 30 mai, sur les bords de la Tafna, un traité avec Abd-el-Kader. La conclusion de ce traité malheureux, parce qu'il consacrait la puissance politique jusqu'alors contestée de l'Emir, avait été presque imposée au général Bugeaud par le gouvernement de Louis-Philippe toujours indécis au sujet de l'occupation définitive de l'Algérie et effrayé, avec quelque raison, il faut l'avouer, par les frais et la perte d'hommes qu'elle occasionnait. Ce traité reconnaissait la souveraineté de la France sur les côtes d'Afrique et lui donnait, dans la province d'Oran : Mostaganem, Mazagran, Oran et leurs territoires ; dans celle d'Alger : Alger, le Sahel, la plaine de la Métidja et Coléah. L'Emir devait administrer la province d'Oran, celle de Tittery et la partie de celle d'Alger qui n'était pas occupée par nous.

L'Emir donnait à l'armée française 30.000 panègues d'oran d'orge et 6.000 bœufs. Il s'engageait à acheter en France la poudre, le soufre et les armes dont il aurait besoin.

La France cédait à l'Emir Bachgoun, Tlemcen, le Méchouar et les canons qui se trouvaient dans cette citadelle. Le commerce devait être libre entre les Arabes et les Français.

Tels sont les traits principaux de ce traité qui nous faisait faire un pas en arrière et qui fut signé au moment même où 15.000 hommes concentrés à Oran s'apprêtaient à détruire d'un seul coup la fortune d'Abd-el-Kader.

Quoiqu'il en soit le traité de la Tafna eut pour effet immédiat de mettre fin aux hostilités dans les provinces d'Oran et d'Alger et de permettre au Gouverneur général de songer à venger d'une façon éclatante l'échec de Constantine.

On ne commit pas les mêmes fautes que la première fois et l'on marcha en forces. La colonne expéditionnaire s'élevait à 13.000 hommes et à 4.000 chevaux divisés en quatre brigades sous les ordres du duc de Nemours, des généraux Trézel et Rullière et du colonel Combes. L'artillerie de siège comprenait dix-sept pièces de différents calibres et cinq cents fusils de rempart ; le général Valée la commandait. L'administration militaire dirigée par le Sous-Intendant d'Arnault conduisait un convoi de 97 voitures avec dix-huit jours de vivres.

A l'approche de nos troupes qui se mirent en marche le 1er octobre, les Arabes se retirèrent en mettant le feu aux moissons ; on arriva le 5 octobre, à midi, sur les hauteurs de Soummah d'où l'armée aperçut le camp d'Ahmet. Les soldats à cette vue poussèrent de longs cris de vengeance. D'un autre côté le souvenir de notre récent revers sous leurs murs avait enflammé le courage des défenseurs de Constantine et les femmes elles-mêmes groupées sur les terrasses des maisons poussaient des cris aigus pour les encourager.

Après cinq jours de bombardement, et sur le refus des Arabes de se rendre, l'assaut demandé par nos soldats fut décidé. La ville fut emportée, le 13, au bout de quelques heures. Nous perdîmes deux cents hommes, parmi lesquels les généraux Damrémont tué sur le coup par un boulet et Perrégaux mortellement blessé. Un grand nombre d'Arabes furent tués ou se noyèrent dans le Rummel.

La paix avait duré deux ans depuis le traité de la Tafna, mais la guerre se ralluma bientôt plus terrible que jamais et les combats succédèrent aux combats, Jusqu'en 1847, Abd-el-Kader lutta contre nous avec acharnement.

Les hostilités recommencèrent le 1er février 1840 par l'attaque de Mazagran, petite ville de la province d'Oran, que défendaient un fortin armé de deux pièces de canon et une garnison de 123 hommes sous les ordres du capitaine Lelièvre. Pendant quatre jours et quatre nuits 15.000 Arabes s'élancèrent à l'assaut de cette place sans pouvoir l'entamer. Découragés par les pertes énormes qu'ils avaient éprouvées ils disparurent le 7 au matin. Pendant ce siège héroïque où nos soldats manquant de cartouches furent obligés de se défendre à coups de baïonnettes nous eûmes trois hommes tués seulement et seize blessés. Les Arabes perdirent plus de 800 des leurs.

A la suite de ce brillant fait d'armes le maréchal Valée résolut de tenter une marche hardie sur Médéah, la capitale de l'ancienne province de Tittery, et qui était alors le centre le plus redoutable de la puissance de l'Emir. Abd-el-Kader y avait réuni toutes ses forces et avait pris soin de garnir de canons les collines qui l'avoisinent. Mais l'ennemi fut culbuté près de la rivière de l'Affroun, puis forcé dans ses retranchements par Changarnier et Lamoricière, et Médéah fut occupé par nos troupes.

Le maréchal Valée fatigué par l'âge fut remplacé par Bugeaud, le véritable conquérant de l'Algérie. Le mérite de ce général fut d'avoir un plan bien conçu et d'y marcher sans fléchir. Le difficile n'était pas de battre Abd-el-Kader qui ne pouvait lutter contre nous en bataille rangée, mais de l'atteindre et de s'en saisir.

Pendant les années 1840, 1841 et 1842, il s'occupa avec la plus grande activité de ravitailler et de fortifier nos places ; et, secondé par Changarnier, Lamoricière et Bedeau, il réussit à secourir toutes nos garnisons disséminées un peu partout, à leur porter des vivres et des munitions et à battre en détail toutes les forces que lui opposait Abd-el-Kader. Il songea ensuite à s'emparer d'une seconde ligne de places, de Hiaza-Boghar, de Mascara, de Takedempt, de Tlemcen. Toutes ces forteresses tombèrent l'une après l'autre entre nos mains et l'Emir dut s'enfuir dans le désert avec sa Smalah, sorte de ville ambulante composée de 12 à 15.000 personnes.

Deux colonnes parties de Mascara et de Médéah s'élancèrent à sa poursuite, et, le 16 mai 1843 le duc d'Aumale à la tête de quelques cavaliers surprit la Smalah à Taguin. L'Emir eut grand peine à se sauver avec quelques membres de sa famille. Ses tentes, sa correspondance, son trésor, ses drapeaux, furent les trophées de cette facile victoire. La soumission de toutes les tribus environnantes en fut le premier résultat.

A la suite de cette campagne décisive le général Bugeaud fut nommé maréchal de France ; Lamoricière, Changarnier et d'Aumale furent élevés au grade de généraux de division.

Abd-el-Kader sans ressources chercha un refuge chez l'empereur du Maroc, Abd-er-Rhaman, qui régnait depuis 1822 et nous avait déjà suscité maintes difficultés au sujet de notre frontière occidentale.

L'empereur qui vénérait Abd-el-Kader et le considérait comme un prophéte et un saint le reçut avec faveur, lui conféra la dignité de Khalifa du Rif, et, à la suite d'une visite de l'amiral anglais Wilson, gouverneur de Gibraltar, visite dont le but n'a jamais été bien expliqué mais que l'on devine, nous déclara la guerre. Bientôt tout le Maroc retentit de cris belliqueux, et l'on put voir Abd-el-Kader parader aux environs d'Ouehda à la tête de plusieurs milliers de cavaliers Arabes, Marocains, Berbères ou nègres.

Bugeaud et Lamoricière qui observaient ses mouvements n'osèrent d'abord l'attaquer, n'ayant pas d'ordres précis du gouvernement de Louis-Philippe qui hésitait toujours à prendre un parti énergique dès qu'il sentait l'Angleterre contre lui. Cependant les évènements et l'opinion publique le forcèrent cette fois à agir vigoureusement et sans s'occuper des criailleries de nos voisins de la Manche. Le prince de Joinville avec une forte escadre bombarda Tanger et Mogador les 6 et 15 août 1844. De son côté le maréchal Bugeaud se porta à la rencontre de l'armée marocaine qu'il mit en déroute sur les bords de l'Isly. Dans cette bataille où nos carrés résistèrent sans être entamés aux charges furieuses d'une nombreuse cavalerie, les Marocains perdirent plus de 3000 hommes ; nos pertes furent de 35 tués et de 96 blessés.

Cette éclatante victoire s'ajoutant à nos succès maritimes de Tanger et de Mogador remplit la France d'enthousiasme. Mais nous n'en retirâmes que le mince avantage de prendre possession du petit terrritoire contesté. Louis-Philippe recula une fois de plus devant l'Angleterre qui se montrait fort jalouse de nos progrès en Afrique et nous menaçait même d'une intervention. Un traité fut signé à Lalla-Maghrina. le 18 mai 1845, qui détermina les limites de notre domination dans le Tell et jusque dans le désert.

Il était permis de croire qu'après cet échec Abd-el-Kader était pour toujonrs réduit à l'impuissance. Il disparut en effet pendant quelque temps. Mais tout à coup il révéla de nouveau son existence par le guet-apens de Sidi-Bel-Abbès où nos malades surpris par la tribu des Derkaouas faillirent être massacrés. Cette attaque inattendue fut le signal d'une insurrection générale. Un nouveau prophète, Bou-Maza, entra en campagne et défit plusieurs fois nos alliés. Le fanatisme religieux inspirait aux Arabes un courage indomptable et une férocité inouie. Nos soldats révoltés par la vue des mutilations qu'ils faisaient subir à leurs camarades prisonniers usèrent de représailles et le général Pélissier n'hésita pas à faire enfermer dans les grottes de Dahra une tribu arabe qui s'y était réfugiée et avait refusé de se rendre après avoir torturé nos parlementaires dont les cris de douleur étaient parvenus jusqu'à notre camp.

Le douloureux massacre de Sidi-Brahim et la capture de deux cents soldats français ne tardèrent pas à venger les Arabes de l'acte barbare mais presque justifié du général Pélissier.

Renfermés dans le marabout de Sidi-Brahim 83 chasseurs sans munitions et sans vivres se défendirent contre 4.000 Arabes et réussirent dans un effort désespéré à s'ouvrir un chemin à la bayonnette à travers la foule de leurs ennemis. Quand la garnison de Djemmah Gazouah put venir à leur secours ils n'étaient plus que douze et trois seulement étaient sans blessures. Parmi ces derniers se trouvait le caporal Lavaissière qui put raconter en détail cet admirable fait d'armes.

Peu de jours après ce glorieux désastre Abd-el-Kader s'empara de deux cents soldats français à Aïn-Temouchen et leur fit couper la tête à tous après les avoir traînés quelque temps à sa suite. Il ne fit grâce de la vie qu'au commandant Cognard moyennant une rançon de 30.000 francs.

Ces deux sanglantes affaires furent considérées comme de magnifiques succès par les Arabes, et Abd-el-Kader lui-même se crut à la veille de réaliser ses projets ambitieux. Mais il comptait sans le maréchal Bugeaud. Celui-ci à la tête d'une armée de 115.000 hommes divisés en 14 colonnes qui sillonnèrent le pays dans tous les sens lui fit une chasse acharnée et le réduisit bientôt à s'enfuir dans le désert. Traqué de toutes parts l'Emir fut obligé de se rendre le 23 décembre 1847. On le conduisit à Djemmah Gazouah où il se rencontra avec le duc d'Aumale. Enfermé d'abord au fort Lamalgue à Toulon, malgré les promesses que lui avaient faites Lamoricière et d'Aumale de lui permettre de se retirer en liberté à la condition de ne plus porter les armes contre nous, Abd-el'Kader fut ensuite transporté au château de Pau, puis à celui d'Amboise avec sa famille. En 1853 Napoléon III dans un but politique facile à comprendre, lui fit verser une pension de mille francs par semaine et l'autorisa à aller s'établir à Damas, en Syrie, où depuis il s'est montré un fidèle ami de la France.

Bien que privés de leur plus illustre chef, les Arabes ne renoncèrent pas à la lutte. Bou-Maza combattit encore contre nous avec énergie mais il dut se rendre à Saint-Arnaud.

Les grandes guerres étaient terminées. Nous ne nous appesantirons pas outre mesure sur les insurrections locales qui éclatèrent de temps en temps en Algérie et furent réprimées aussitôt et nous arriverons à l'insurrection plus importante des Ouled-Sidi-Cheick. En 1864 les Ouled-Sidi-Cheick qui avaient été les fidèles alliés d'Abd-el-Kader se soulevèrent. Leur chef Si-Sliman massacra le colonel Beauprêtre à Tiaret avec cent hommes qui l'accompagnaient. Les tribus des Flittas, des Laghouatis et des Beni-Ourag, des Harars se réunirent bientôt aux Ouled-Sidi-Cheick, mais le général Deligny parvint à rejoindre Si-Sliman et ses contingents et leur infligea les 30 avril et 12 mai des pertes très sensibles. Sidi-el-Arzeg, chef des Flittas battus à Dar-Ben-Abd-Allah, après une défense héroïque des nôtres dans le fortin d'Ammi-Moussa, demanda l'Aman. Tout paraissait encore une fois terminé lorsque le fameux marabout, Si-Lala réuni à Si-Mohamed-Ben-Hamza envahit la région des Chotts à la fin de septembre de la même année et entra sur notre territoire. Le général Jolivet envoya une colonne à sa rencontre, mais celle-ci surprise à El-Beïda eut 82 hommes tués et 27 blessés. Alors le général Deligny se mit en marche le 4 février 1865 avec des forces considérables, atteignit Si-Lala et Si-Mohamed-Ben-Hamza réunis à Garet-Sidi, les battit et les obligea à prendre la fuite. Si-Mohammed fut tué dans cette affaire, mais Si-Lala échappé à la mort recommença bientôt les hostilités. Le 25 mars 1866 le colonel de Sonis le rencontra de nouveau, le battit mais ne put s'en emparer.

La famine qui ravagea la population indigène en 1867 n'empêcha pas les rebelles du sud de reprendre l'offensive. Quoique peu heureux dans leurs entreprises belliqueuses ils n'eurent cependant à subir aucun échec décisif. A cette époque le maréchal de Mac-Mahon était gouverneur de l'Algérie ; il n'avait aucun plan bien arrêté, les évènements le prouvent, et laissait ses lieutenants agir un peu trop à leur guise Leurs efforts sans cohésion ne produisirent aucun résultat. Cependant l'année 1868 se passa assez tranquillement. A la fin de janvier 1869 le colonel de Sonis atteignit les rebelles près de Taguin et les poursuivit jusque dans le Sahara.

En 1870, devant l'attitude des tribus marocaines voisines de notre frontière occidentale qui faisaient cause commune avec les Ouled-Sidi-Cheick, les généraux Wimpfen et Chanzy prirent l'offensive et battirent les rebelles, le 14 avril à El-Bahariat, puis au Ksar d'Aïn-Chair. Les derniers rebelles se rendirent à discrétion. Cette énergique démonstration nous valut quelques mois de tranquillité mais nos désastres pendant la guerre avec l'Allemagne eurent leur contrecoup en Algérie. Le départ d'une grande partie de l'armée d'Afrique ranima les espérances des Arabes du sud qui, sous le commandement de Si-Kaddour-Ben-Hamza passèrent audacieusement entre nos colonnes postées sur les Chotts pour surveiller leurs mouvements et envahirent le Tell en semant partout la terreur. Le général Osmont se mit à leur poursuite. les tailla en pièces, le 23 décembre 1871 à Mégoub et contraignit Si-Kaddour à s'enfuir, en compagnie de l'insaisissable Si-Lala.

En décembre 1879 Si-Kaddour abusant de notre longanimité razzia notre Ksar de Brezina sans que nous fîmes un seul mouvement. Il est permis de supposer qu'encouragés par cette inaction qui leur parut de la faiblesse, les Ouled-Sidi-Cheick ont participé dans une bonne mesure au massacre de la mission Flatters, dans les environs de la Sebkha d'Amagdor.

En 1880 une nouvelle insurrection éclata à Géryville. Nos alliés furent battus et pillés. Le fameux marabout, Bou-Amena se mit à égorger nos soldats isolés et à massacrer les Espagnols occupés à la récolte de l'alfa. Bientôt il sema la terreur dans toute la province d'Oran. Le 19 mai il infligeait même une sorte d'échec à la colonne Innocenti, échec qui, on s'en souvient, eut un douloureux retentissement en France ; le 2 juin il massacrait M. Bringard, inspecteur des Télégraphes avec son escorte et s'avançait jusqu'à Saïda. Il fut repoussé par les généraux Saussier et Coloniev et, depuis 1882, la paix règne dans notre grande colonie.

L'occupation de Figuig et de Iuzalah par nos troupes, en permettant de surveiller de près les tribus turbulentes du sud oranais ainsi que les mouvements qui pourraient se produire sur la frontière marocaine, mettrait sans nul doute un terme à ces insurrections périodiques qui nuisent à la stabilité et à la prospérité de nos établissements dans cette région.

TUNISIE

GÉOGRAPHIE. — Situation géographique, Superficie, Population. — La Tunisie est bornée au nord par la Méditerranée, à l'est par la Tripolitaine, au sud par le Sahara et à l'ouest par l'Algérie dont la sépare l'Oued-Zaïn (Tusca). Elle a en moyenne 580 kilomètres de longuenr sur 290 de largeur et une superficie d'environ 118.500 kilomètres carrés.

Sa population est de 2.000.000 d'habitants et se compose de Berbères, d'Arabes, de Maures, de Turcs, de Koulouglis, de Juifs, de Nègres et de quelques miliers d'Européens : Français et Italiens surtout.

Côtes. — Sur ses côtes s'avancent le cap *Blanc*, le *Râs-Sidi-Aly* (cap Farina), le cap *Bon* (Râs-Adar), qui y forment les golfes de *Bizerte* et de *Tunis* ; plus au sud sont les golfes de *Hammamet* et de *Gabès* (petite Syrte). Au nord se trouvent les îles de *Tabarka* et de *Galika* ; sur la côte est : les îles *Ker-Kenah* (Charki et Gharbi) et l'île *Djerbah* ou *Gherbi*.

Montagnes, Cours d'eau, Lacs. — La Tunisie est partagée en deux régions distinctes par l'*Atlas* dont les sommets moins élevés qu'en Algérie, atteignent 1.200 et 1.400 mètres d'altitude ; au nord, le *Tell* région montagneuse qui renferme de belles et fertiles vallées ; au sud, le *Sahara*, région semée de déserts de sable, de marécages et d'oasis.

Les lacs ou sebkhas sont très nombreux en Tunisie. Les principaux sont : au sud, la sebkha de *Faraoun* ou *El Kébir* et la sebkha *El Fedjadj*, l'ancien lac Triton qui n'est autre qu'un fond de mer desséché contenant beaucoup de sel ; au nord, les lacs *Bizerte* ; à l'ouest, la sebkha *Ghranis* et au centre les sebkhas *El Melah* et de *Kairouan* ou de *Sidi-El-Hâni* qui reçoit l'*Oued Leroud* et l'*Oued Fekkah*.

Comme l'Algérie, et dans une proportion encore moindre. la Tunisie a peu de cours d'eau importants. La principale rivière est la *Medjerdah Bragadas* qui sort d'Algérie et se jette dans le golfe de Tunis, au sud de Porto-Farina, après un cours de 320 kilomètres. Elle n'est pas navigable.

Productions naturelles, Cultures. — Les productions de la Tunisie sont les mêmes que celles de l'Algérie. Citons les oliviers que l'on cultive pour l'exportation ; l'indigo de Nefta, le pistachier de Sfax, le lotus et le henné de Gabès, le caroubier, le jujubier et le dattier du Sahara.

Animaux. — Les animaux qu'on rencontre en Algérie se retrouvent en Tunisie quoique en moins grand nombre. On y élève de beaux chevaux de race barbe, des chameaux, des bœufs et des moutons à grosse queue.

Minéraux. — On trouve dans l'Atlas des mines de fer et de plomb.

Climat. — Le climat de Tunis est un des plus sains du monde. L'air y est presque toujours pur et le ciel serein. Le thermomètre y varie en 7° et 31°. La température moyenne observée est de 20°. Il est à remarquer néanmoins qu'en 1881 où les chaleurs ont été plus fortes que d'habitude cette température moyenne s'est élevée à 25°.

Le baromètre se maintient entre 739 et 769.

Les grandes chaleurs ont lieu de juin à septembre. Les pluies sont très rares pendant l'été et le commencement de l'automne. Elles ne tombent guère avec abondance que vers le milieu d'octobre. L'hiver comprend les mois de décembre et de janvier pendant lesquels des vents frais et de fortes pluies rendent la température relativement froide et humide.

Organisation, Divisions, Villes, Bourgs. — Avant le traité du Bardo la situation du bey de Tunis avait été règlée par le firman du 25 octobre 1871. D'après ce firman, le bey ne payait plus de tribut à la Porte, il en recevait seulement l'investiture ; mais il ne pouvait ni faire la guerre, ni conclure la paix, ni battre monnaie sans l'autorisation du Sultan. A l'intérieur il était souverain absolu et avait reconnu depuis longtemps notre protectorat platonique.

La Tunisie comprenait 41 tribus et était divisée en 18 grands Ouatans administrés par des Caïds nommés par le bey. L'armée régulière était de 4.000 hommes, l'armée irrégulière de 15.000 environ. Les finances étaient dans le plus mauvais état, l'administration était irrégulière, insuffisamment contrôlée, la propriété et les personnes y étaient peu respectées.

Depuis le traité du Bardo dont nous donnons le texte ci-dessous, le bey gouverne la régence avec le concours d'un ministère qui comprend un premier ministre, chargé des finances ; un ministre des affaires étrangères dont les fonctions sont exercées par le ministre résident de France, un ministre de la plume, un ministre de la justice, un ministre des travaux publics, un ministre de la guerre et un ministre de la marine.

TRAITÉ DU BARDO DU 12 MAI 1881

Le gouvernement de la République Française et S.A. le bey de Tunis voulant empêcher à jamais le renouvellement des désordres qui se sont produits récemment sur les frontières des deux Etats et sur le littoral de la Tunisie et désireux de resserrer leurs anciennes relations d'amitié et de bon voisinage ont résolu de conclure une convention à cette fin, dans l'intérêt des deux hautes parties contractantes ; en conséquence, le Président de la République Française a nommé pour son plénipotentiaire, Monsieur le général Bréart, qui est tombé d'accord avec S. A. le bey sur les stipulations suivantes :

Article 1er. — Les traités de paix, d'amitié et de commerce et toutes autres conventions existant actuellement entre la République Française et S. A. le bey de Tunis sont expressément confirmés et renouvelés.

Article 2. — En vue de faciliter au gouvernement de la République Française l'accomplissement des mesures qu'il doit prendre pour atteindre le but que se proposent les deux parties contractantes. S. A. le bey de Tunis consent à ce que l'autorité militaire française fasse occuper les points qu'elle jugera nécessaires pour assurer le rétablissement de l'ordre et la sécurité des frontières et du littoral. Cette occupation cessera lorsque les autorités militaires françaises et tunisiennes auront reconnu d'un commun accord que l'administration locale est en état de garantir le maintien de l'ordre.

Article 3. — Le gouvernement de la République Française prend l'engagement de prêter un constant appui à S. A. le bey de Tunis contre tout danger qui menacerait la personne ou la dynastie de son Altesse ou qui compromettrait la tranquillité de ses Etats.

Article 4. — Le gouvernement de la République Française se porte garant de l'exécution des traités actuellement existants entre le gouvernement de la Régence et les diverses puissances européennes.

Article 5. — Le gouvernement de la République Française sera représenté auprès de S. A. le bey de Tunis par un ministre résident qui veillera à l'exécution du présent acte et qui sera l'intermédiaire des rapports du gouvernement français avec les autorités tunisiennes pour toutes les affaires communes aux deux pays.

Article 6. — Les agents diplomatiques et consulaires de la France en pays étrangers seront chargés de la protection des intérêts tunisiens et des nationaux de la Régence. En retour S. A. le bey s'engage à ne conclure aucun acte ayant un caractère international sans en avoir donné connaissance au gouvernement de la

République Française et sans s'être entendu préalablement avec lui.

Article 7. — Le gouvernement de la République Française et S. A. le bey de Tunis se réservent de fixer d'un commun accord les bases d'une organisation financière de la Régence qui soit de nature à assurer le service de la dette publique et à garantir les droits des créanciers de la Tunisie.

Article 8. — Une contribution de guerre sera imposée aux tribus insoumises de la frontière du littoral. Une convention ultérieure en déterminera le chiffre et le mode de recouvrement dont le gouvernement de S. A. le bey se porte responsable.

Article 9. — Afin de protéger contre les contrebandes des armes et des munitions de guerre les possessions algériennes de la République Française, le gouvernement de S. A. le bey de Tunis s'engage à prohiber toute introduction d'armes ou de munitions de guerre par l'île de Djerba, le port de Gabès ou les autres ports du sud de la Tunisie.

Article 10. — Le présent traité sera soumis à la ratification du gouvernement de la République Française et l'instrument de ratification sera remis à S. A. le bey de Tunis dans le plus bref délai.

La Tunisie est divisée en gouvernements dans lesquels les fonctionnaires chargés de les administrer ont, suivant leur étendue ou leur importance, les titres de gouverneurs et de sous-gouverneurs. Ils sont investis de l'autorité supérieure et ont sous leurs ordres des Cheiks et des Caïds. Ces gouvernements sont :

Le gouvernement du Gérid dont le gouverneur réside à Kairouan ;

Le gouvernement du Sahel dont le gouverneur réside à Sousse;

Le gouvernement de l'Aârad dont le gouverneur est à Gabès ;

Le gouvernement du Kef qui comprend Ouennifa et Ouertan ;

Le gouvernement de Bizerte ;

Le gouvernement de Béjà ; celui de Riah-Laghouan où se trouvent Testour et Medjez et enfin ceux, de Mateur et de Trabelvi, de Trébourda et de - Téboursouk.

L'organisation administrative a été copiée en partie sur celle des Etats européens. Tunis a une municipalité dont fait partie le maire de la ville, les cheiks des faubourgs et sept conseillers indigènes, un receveur général et deux sécrétaires.

La police est sous la direction du gouverneur militaire de Tunis.

Dans l'organisation financière, citons l'administration des revenus concédés par le gouvernement tunisien pour garantir ses divers créanciers.

On a créé à tunis un tribunal civil et une justice de paix destinés à juger les litiges qui étaient déférés antérieurement aux tribuneux consulaires.

Villes principales dans le voisinage de la mer. — *Tunis*, capitale de la Régence, a été fondée par les Arabes. Elle est située au fond d'une lagune qui communique avec la mer par l'étroit canal de la Goulette. La blancheur éclatante de ses murailles qui ont six milles de tour ainsi que de ses maisons et de ses édifices en rend l'aspect très pittoresque du large. C'est une ville industrieuse. On y fabrique des armes de prix, des couteaux, des soieries, des velours, des vestes brodées d'or et d'argent, des fers, des articles de sellerie, des peaux tannées, des burnous, des tapis renommés, des nattes, des pipes, du savon, des poteries. On en exporte des graines, de l'huile, des dattes et des essences de rose. Elle renferme environ 135.000 habitants parmi lesquels 90.000 musulmans, 25.000 israélites et 20.000 européens.

Une avenue magnifique nommée « La Marine » conduit de la gare à la ville. Sur cette avenue se trouvent le palais du ministre résident de France entouré d'un très beau jardin, la poste et le Télégraphe.

Tunis renferme plusieurs monuments remarquables et un grand nombre de mosquées, celles de *Djemaa-*

Zitouna, de *Sidi-Mahrès, Sahbettabah, Boubabin, Sidi-ben-Arous, El Tijani, de la Kasbah, de Bab-el-Hadra*.

On y professe le rite Maleki, l'un des quatre rites de la religion musulmane ; les trois autres sont les rites : Hanafi Schafaï et Hambali.

Le Bardo, à 2 kilomètres de Tunis est une forteresse qui sert de résidence habituelle au bey.

La Goulette renferme une population de 4.000 habitants, dont 700 Musulmans, 400 Français ou protégés français, 400 Anglais et Maltais, 1600 Italiens, 800 Israélites et 100 individus de nationalités diverses. Elle est située dans le golfe de Tunis. Cette petite ville dont les rues sont généralement assez malpropres renferme quelques édifices remarquables, parmi lesquels il faut citer : la Kasbah, les casernes, l'arsenal, le palais de justice, la mosquée, la résidence d'été du bey bâtie sur pilotis et sur le rivage de la mer. La Goulette sert de station balnéaire pendant la saison chaude. On y trouve des chantiers et des magasins importants.

Tout près se trouvent les ruines de l'antique Carthage. Il semble encore entendre le fameux cri « delenda est Carthago » des Romains, quand on aperçoit cette série de mamelons desséchés qui vont s'abaissant jusqu'à la mer et qui recouvrent les ruines de la rivale de Rome. Epars cà et là sont des débris de toutes sortes, des fûts de colonne, des chapiteaux rongés par le temps, des pierres énormes à moitié ensevelies sous le sable et qui attestent encore la grandeur de Carthage. Un fait curieux à relater c'est la conservation des citernes au nombre de treize que l'on voit alignées sur une même ligne.

A côté de ce tombeau d'une ville s'élève la chapelle St-Louis où se trouve la tombe du pieux roi qui, on le sait, mourut en cet endroit, de la peste, le 25 août 1270.

Bizerte est située près du cap Blanc, dans une belle position. Cette ville jadis célèbre par ses pirates se trouve à 60 kilomètres au nord-ouest de Tunis. Elle s'étend en amphithéâtre sur le versant méridional du Dahr-el-Coudia et est entourée d'un mur d'enceinte polygonal de dix mètres de hauteur flanqué de tours et de bastions.

Le lac de Bizerte, qui d'après les hommes compétents, pourrait être assez facilement converti en port a sept milles environ de l'est à l'ouest et cinq milles du nord au sud. Sa profondeur varie entre cinq et douze mètres d'eau. Ce lac très poissonneux communique avec la mer par le canal qui forme le port et qui a vingt-huit mètres de largeur. On évalue à 350.000 kilogrammes le poids du poisson que la Compagnie française de Marseille y pêche annuellement.

Sousse 15.000 habitants est la capitale du Sahel. Cette ville située au fond d'une vaste baie s'ouvrant entre le promontoire de Monastir et le Djebel-Erkhiat s'élève en amphithéâtre depuis le rivage de la mer jusqu'à la citadelle dont une tour a 79 mètres de hauteur.

Porto-Farina. Bon port près des ruines d'Utique.

Hammamet, au nord du golfe, 10.000 habitants. ;

Monastir, au sud-est, 13.000 habitants.

Mahadiah ou *Mehédiat*, *Sfax*, 15.000 habiṭants. Cete ville a été le foyer de l'insurrection en Tunisie.

Gabès, 8.000 habitants. Le commerce de cette ville est assez important. On cultive dans ses environs le henné, plante qui fournit une teinture rouge.

En face de Sfax se trouvent les îles de *Kerkennah* et en face de Gabès l'île de *Djerbah* qui renferme une population de 40.000 Berbères. Cette île fait un commerce assez actif d'huile, de soieries, d'étoffes de laine de jarres et d'éponges.

L'île de *Tabarka*, rocheuse et dénudée, est située à un demi-mille environ du rivage. C'est là qu'eurent lieu les premières opérations contre les Kroumirs. Cette île appartenait aux Génois avant 1757. Elle a une longueur d'un demi-mille du nord au sud et s'élève à 92 mètres au-dessus du niveau de la mer. Son extrémité nord est défendue par une forteresse construite par les Génois. Par les vents du N.-O. le mouillage de Tabarka est très dangereux.

Villes de l'intérieur du Tell. — *Kairouau* au nord-ouest de la Sebkha de Sidi-el-Hâris, est une grande ville de 50.000 habitants, entourée de murailles, qui a été fondée par les Arabes au VII⁰ siècle. Avant sa prise par les troupes françaises les musulmans y étaient seuls admis. C'est une place de commerce très importante.

Zaghouan a 12.000 habitants et est célèbre par ses teintureries. *El-Kef* se trouve à l'ouest et n'a qu'une importance secondaire.

Villes du Sahara. — *Gafsa*, au nord de la Sebkha-Faraoun est une assez grande ville pour cette région ; elle compte plus de 5.000 habitants. Sous Jugurtha et les Romains elle avait une grande importance. C'est une station de caravanes.

Citons encore *Nefta* et *Tozeur*, à l'ouest, où se tiennent de grands marchés ; *Kebilli* et *Douz*, au sud.

Commerce. Les principaux articles que l'on exporte de la Tunisie sont l'huile d'olive, les céréales, les dattes, les légumes, le tabac, la cire, les peaux, les éponges et le corail.

Le commerce général d'exportation s'élevait en 1873 à 29 millions.

En 1884 le commerce de la Tunisie avec la France seule a été

pour l'importation de   13.634.000 f. 00
pour l'exportation de   9.959.000 f. 00

Le tableau suivant donne le mouvement du port et de la rade de la Goulette avec l'étranger pendant les années 1880 et 1881.

ANNÉES	NOMBRE DE NAVIRES		TONNAGE	
	entrées	sorties	à l'entrée	à la sortie
1880	644	640	192.401	191.250
1881	874	839	296.675	275.955
Cabotage				
1880	140	135	»	»
1881	188	176	»	»

Le mouvement commercial de la France avec la Tunisie, pendant les dix premiers mois de l'année 1885 s'élève pour les exportations seulement à 11.749.143 francs.

Service postal, Voies de communication. — Le service postal entre la France et la Tunisie est fait par des paquebots de la Compagnie Générale transatlantique qui partent de Marseille pour la Goulette. Il y a également trois départs par semaine de la Goulette pour Marseille. Ces paquebots desservent aussi les ports de Sousse, Sfax, Gabès et Djerbah. De plus une compagnie italienne, la compagnie Rubattino, fait un service régulier entre l'Italie et la Tunisie.

On compte en Tunisie 246 kilomètres de voies ferrées. Un chemin de fer va de Tunis à la Goulette et au Bardo, de la Goulette à Marsa et à Tunis.

Instruction publique. — Il y a en Tunisie divers établissements d'instruction publique qui ne tarderont pas à se multiplier sous l'influence française.

Une école française sur le modèle de l'Ecole Turgot, à Paris, va être créée à Tunis.

Parmi ceux qui y sont ouverts actuellement citons le collège national de Sakidi, le collège Saint-Louis de Carthage, l'établissement des Pères qui comprend trois écoles dont une à la Goulette, le collège français, le collège italien, le collège anglais et l'école de l'alliance israélite universelle fondée en 1878.

Travaux publics en Tunisie. — Un décret beylical du 3 septembre 1882 a institué en Tunisie une Direction générale des Travaux publics qui comprend le service des Ponts et Chaussées, le service des Mines, la police des ports de commerce et l'administration des forêts.

Le budget des Travaux publics a été fixé à 4.200.000 piastres (1) pour 1885.

Les travaux les plus importants, en cours d'exécution ou qui seront entrepris très prochainement se rapportent à l'amélioration des routes et des ports, à l'éclairage du littoral, à l'approvisionnement des villes et à l'exploitation des forêts. Des ports vont être créés à Tunis, à Sfax et à Sousse qui est le principal port du Sahel et en même temps le débouché du marché de Kairouan. On va exécuter des travaux à Tabarka pour faciliter l'embarquement des minerais de fer. Des phares seront prochainement établis au cap Serrat, à Ras-Engelah, Bizerte, île Plane, Kalibiah, Hammamet, Sousse, Monastir et Méhedia. De grands travaux ont été entrepris pour assurer l'alimentation en eau de Kairouan par les sources de l'Oued Cherichera et de Tunis qui n'était approvisionnée que par l'ancien aqueduc de Carthage restauré; enfin on s'occupe de repeupler par le pin d'Alep la région du nord-ouest déjà riche en chênes zéens et en chênes liéges qui couvrent une étendue de plus de 100.000 hectares.

---

(1) La piastre tunisienne vaut 0 fr· 60.

HISTOIRE. — La Tunisie actuelle est formée par l'ancien territoire de Carthage. Sous la domination romaine ce territoire comprenait les deux provinces d'Afrique et de Byzacène. Il fit ensuite partie du royaume des Vandales et de l'empire d'Orient sous Justinien et ses successeurs. Les émirs d'Afrique s'en emparèrent et y établirent leur domination (649). Ce pays eut successivement pour souverains les membres des dynasties Mahalabites, Aghlabite, Obéidite, Dangahite et Hafsite au nombre de 84. Cette dernière dynastie régna pendant 373 ans et eut pour dernier représentant l'Émir Mohammed-Ben-el-Hassen.

En 1590 le gouvernement des Deys succéda à celui des Emirs et dura jusqu'en 1705, époque à laquelle commença celui des beys dont Hussein-Ben-Aly fut le premier. Sa dynastie (Husseinite) règne encore aujourd'hui à Tunis et a pour représentant le bey Mohammed-Essadeck qui est né en 1814 et a été élu le 23 septembre 1859.

L'héritier présomptif du bey est son frère aîné, le prince Aly, né en 1817. La famille règnante est d'ailleurs très nombreuse et compte 21 membres.

Comme nous l'avons dit plus haut, le bey était déjà protégé par la France lors qu'éclata le soulèvement des Kroumirs, mais ce protectorat n'avait jamais existé de fait et l'influence étrangère s'immissait de plus en plus dans l'entourage du souverain, au point d'en écarter systématiquement tout élément français.

Depuis de longues années, d'ailleurs, nos tribus algériennes et celles de la Régence vivaient dans un état sinon de guerre ouverte, du moins de luttes presque permanentes qui donnaient lieu à des plaintes très vives de la part de nos administrés.

Aucune limite bien définie n'avait été fixée régulièrement entre notre territoire et celui de Tunis, et les contestations pour la possession des terrains limitrophes étaient fréquentes. Mais pendant que nous nous servions de la voie diplomatique près du bey et de simples remontrances à l'égard des tribus de la Régence, celles-ci, méconnaissant d'ailleurs l'autorité du bey, s'introduisaient à main armée sur notre territoire pour y piller et y incendier nos douars qui demandèrent notre protection.

Ces tribus étaient devenues le refuge de tous les contumaces, voleurs et vagabonds de l'Algérie et menaçaient de devenir un foyer d'insurrections qu'il importait de détruire au plus tôt.

Des conférences avaient eu lieu sur divers points de la frontière, et à plusieurs reprises, entre le gouvernement français et le gouvernement tunisien, mais sans aboutir. Des indemnités avaient été accordées à nos concitoyens lésés dans leurs intérêts mais dans des proportions dérisoires. L'insolence des agents de la Régence ne connaissait plus de bornes et, dans la première quinzaine de février 1881, les Ouled Cedra (Kroumirs) excités par ces agents envahirent en forces notre territoire et pillèrent nos cultures de l'Oued-Djénan.

Opérations de l'armée de terre. — On dut envoyer sur les lieux une compagnie du 59e de ligne, de la Cale à Remel-Souk et deux compagnies puis un bataillon du 3e zouaves de Bône au Tarf. Ces troupes eurent à soutenir du 30 au 31 mars une atttaque furieuse des Kroumirs et ce ne fut qu'à l'arrivée du général Ritter avec des renforts que l'ordre put être rétabli.

Mais cette série d'attentats contre nos propriétés, de meurtres et de rapines demandait une répression immédiate et le gouvernement français résolut de châtier les Khroumirs et d'occuper en Tunisie même des positions propres à les contenir et à empêcher le retour de nouvelles attaques sur nos territoires algériens.

Le 24 avril la colonne Logerot franchissait la frontière et campait sans incidents sur les deux rives de l'Oued-Mellegue, sur la route du Kef.

Le 26 avril la colonne Delebecque s'installait sur la rive gauche de l'Oued-Djenan, à Baba-Brik, d'où elle entendait le canon de Tabarka.

Pendant ce temps la brigade Vincendon formée en deux colonnes s'emparait du col de Fedj-Kalla, après une vive résistance de l'ennemi, puis, aidée de la brigade Galland enlevait les crêtes du Kef-Cheraga.

« Ces opérations ont été conduites avec un entrain « remarquable ; les Khroumirs ont subi des pertes « sérieuses ; les jeunes troupes de France ont rivalisé « de vigueur sous le feu de l'ennemi, malgré les dif-« ficultés de cette région escarpée, le mauvais temps « et les terrains détrempés par la pluie. » (*Rapport du général Forgemol, commandant en chef du corps expéditionnaire.*)

Le général Ritter, frappé subitement d'une insolation, dut abandonner le commandement de sa brigade et fut remplacé par le colonel Gerder.

Ce même jour, 26 avril, le général Logerot entra au Kef sans résistance.

L'occupation sans coup férir de cette ville sainte produisit un grand effet dans toute la Tunisie et même parmi les tribus algériennes de la frontière et contribua sans nul doute à décourager nos ennemis.

Le général Logerot marchant en avant, livra le 30 avril le brillant combat de Ben-Bechir, où l'ennemi perdit plus de 400 hommes et qui amena la soumission (2 mai) du Kalifat des Chiaïa cruellement frappés dans cette journée.

Le 3 mai, les trois brigades qui composaient la division Delebecque firent leur jonction à Djebabra.

Le 11 mai la colonne Logerot s'installa à El-Fedj, après avoir repoussé les Kroumirs qui se battirent avec acharnement.

Le 12 mai le général Bréart porta sa colonne à Marcouba et se rendit au Bardo avec un escadron d'escorte pour présenter au bey le traité proposé par le gouvernement français.

Le bey signa cet important document sans protestation, en présence du Consul général de France, M. Roustan, de l'état-major et du général Maurand.

Le jour même, le colonel Delpech recevait la soumission des Ouled Cedra, à Tabarka.

Le 14 mai, la brigade Galland, laissant deux bataillons à Sidi-Abdallah, se porta sur Aïn-Draham, où elle remplaça la brigade Vincendon qui alla camper à Debaha sur un vaste plateau d'où elle pouvait dominer le pays.

La brigade Cailliot s'engagea à son tour dans le défilé d'El-Méridj, le traversa et campa près des belles sources de Ben-Métir.

De son côté le général Logerot se porta sur cette position où l'ennemi était signalé et, après un combat très vif où les rebelles éprouvèrent des pertes considérables, les dispersa.

Le 15 mai le général Bréart passa une revue des troupes à Marcouba et donna des ordres pour exécuter dès le lendemain un mouvement offensif sur Béjà et Mateur.

Le général Maurand chargé de se porter sur Mateur fut assailli par de nombreux partis ennemis, mais, les chassant devant lui avec la plus grande vigueur, il vint occuper les crêtes de Djebel-Dakouina d'où le feu de son artillerie foudroya l'ennemi, puis, dégageant la petite colonne de Périgord de Villechenon qui luttait depuis deux heures contre des forces considérables, parvint à Mateur dont il reçut la soumission.

Le général Bréart s'installait le même jour à Djedeïda.

Le 20 mai le général Logerot entra à Béjà, à la tête d'un bataillon du 4e zouaves, et le drapeau français fut hissé sur la Casbah.

Quant à la division Delebecque, après divers combats contre les Mekuas et les Nrogods, elle reçut leur soumission ainsi que celle des Ouled-Yahâ et acheva la pacification de tout le pays montagneux qui forme la partie occidentale de la Tunisie.

Sousse, la capitale du Sahel, fut occupée par nos troupes, le 10 septembre 1881. Enfin la prise de Kairouan, 26 octobre, compléta les opérations de nos troupes de terre.

Le plan du général Forgemol qui était de frapper un coup vigoureux sur les Ouled-Cedra, d'abord, qui nous avaient, les premiers, attaqués, d'occuper les crètes des montagnes où se rassemblaient les tribus pillardes du sud, puis de remonter vers le nord pour les chasser jusqu'à la mer, fut, comme on le voit, exécuté rapidement et vigoureusement par ses lieutenants, et l'armée peut être fière de sa campagne en Tunisie.

Le corps expéditionnaire comprenait environ 30.000 hommes formés des quatrièmes bataillons venus de France et de 11 bataillons, 6 escadrons et 3 batteries d'artillerie empruntés à l'armée d'Afrique.

Opérations de la Marine. — La marine a eu un rôle très brillant dans l'expédition de Tunisie et si nos soldats ont fait preuve d'un grand courage et d'une grande énergie dans un pays mal connu, rempli d'ennemis et semé d'embûches, sous un soleil de feu, nos marins ont montré leur audace et leur intrépidité habituelles.

Le 26 avril 1881 les cuirassés la « Galissonnière » et la « Surveillante », le croiseur « Tourville », le transport la « Corrèze » et les canonnières « Hyène » « Chacal » et « Léopard » bombardèrent les forts de Tabarka dont les compagnies de débarquement s'emparèrent sans coup férir. Le village des Kroumirs fut incendié.

Le 1er mai les compagnies de débarquement des cuirassés de la division du Levant occupèrent Bizerte.

Le 14 juillet 1881 l'escadre de la Méditerranée mouilla devant Sfax ; elle se composait de deux divisions placées sous le commandemant en chef du vice-amiral, Garnault, de la division du Levant commandée par le contre-amiral Conrad, et de plusieurs canonnières, avisos et transports, ces derniers portant des troupes de terre destinées à prêter main-forte aux compagnies de débarquement.

Le bombardement commença le 15, à 5 heures 30 du matin et dura jusqu'au soir ; le 16, à 4 heures du matin, les compagnies de débarquement descendirent à terre et s'emparèrent de la ville après une furieuse résistance.

Le 24 juillet 1881, Gabès fut bombardée par les cuirassés de l'escadre, et occupée le même jour par les marins.

Enfin, le 28 juillet 1881, Djerbah fut bombardée et occupée le même jour par les compagnies de débarquement de la division du Levant et par un détachement de troupes de terre,

OBOCK

Le port d'Obock est situé sur la côte d'Abyssinie, à l'entrée de la Mer Rouge. Il appartient à la France depuis 1862. Le 3 août 1885 la Chambre des députés a voté un crédit de 624.720 francs pour l'organisation de notre colonie d'Obock et du protectorat de la France sur Tadjourah et les territoires voisins, jusqu'au Gubbet-Karah.

COLONIES D'AMÉRIQUE

Les Colonies françaises d'Amérique comprennent : une petite partie des AN-TILLES, SAINT-PIERRE et MIQUELON, au sud de Terre-Neuve, et la GUYANE FRANÇAISE dans l'Amérique du Sud.

ANTILLES

On désigne sous le nom général d'Antilles, l'archipel qui s'étend de l'entrée du golfe du Mexique au golfe de Maracaïbo ; la France y possède : **La Martinique, La Guadeloupe, Marie Galante, La Désirade, Les Saintes, Saint-Martin (en partie) et Saint-Barthélemy.**

LA MARTINIQUE

GÉOGRAPHIE. — **Situation géographique, Superficie, Population.** — La Martinique se trouve par les 14° 36' de latitude Nord et 63° 18' de longitude Ouest du méridien de Paris, à 53 kilomètres au sud de la Dominique et à 110 kilomètres de la Guadeloupe. Elle compte 56 lieues de côtes et présente une superficie d'environ 987 kilomètres carrés.

Sa population est de 160.000 habitants (créoles d'origine française, nègres libres, mulâtres, émigrants chinois et indiens.)

Montagnes. — L'île est hérissée de montagnes d'origine volcanique, appelées mornes, dont la plus haute, *la montagne Pelée*, s'élève à ¡1350 mètres au-dessus du niveau de la mer. Ses autres principaux sommets sont : *Les trois pitons du Carbet* dont le plus élevé a plus de 1200 mètres d'altitude ; *La Soupière*, 700 mètres et le morne du *Diamant*, au sud-ouest, qui n'a que 295 mètres.

Cours d'eau, — De nombreux ruisseaux, torrents ou rivières, on en compte jusqu'à 75, sillonnent l'île de toutes parts et entretiennent la fraîcheur dans la région qu'ils traversent. Malheureusement ils ne peuvent être d'aucune utilité pour la navigation en raison de leur peu de profondeur et des rochers qui parsèment leur cours.

Les principaux sont, sur la côte orientale : *la Macouba, le Capot, la rivière du Lorrain, la rivière Grande, la rivière Sainte-Marie ;* sur la côte occidentale : *les rivières du Pilote, du Lézard, Monsieur, de la Case, du Navire, des Pères, Salée, du Prêcheur.....*

Productions naturelles, Cultures. — La nature du sol très variée présente, surtout au sud, une grande fertilité. On y cultive avec succès, et depuis longtemps la canne à sucre qu'y introduisit vers 1650 un juif du nom de Benjamin d'Acosta, le café, le cotonnier, la cannelle, la muscade, la girofle et différentes espèces de tabac très renommées, entre autres *le Macouba*, dont la réputation est universelle.

On trouve à la Martinique une grande variété de fruits exquis : les ananas, les oranges, les mangues, les bananes, les goyaves, etc...

C'est à la Martinique qu'en 1720 le chevalier Déclieux, chargé d'une mission scientifique par le fameux naturaliste Antoine de Jussieu, planta le premier caféier qui fut le père de tous ceux qui sont aujourd'hui répandus sur le continent américain.

On raconte que Déclieux manquant d'eau, à bord du navire qui le transportait de France aux Antilles, partagea sa maigre ration de liquide avec le précieux arbrisseau, le seul qui lui restât de plusieurs qu'il avait emportés.

La Martinique possède plusieurs sources d'eaux minérales chaudes assez estimées.

Climat. — A la Martinique comme dans les autres Antilles il y a deux saisons, la saison sèche qui dure neuf mois à partir du 15 octobre, et l'hivernage, ou saison pluvieuse qui dure du 15 juillet au 15 octobre. La température moyenne est à la Martinique de $+27°$ —24'. Les termes extrêmes du thermomètre à Fort-de-France sont : minimum $+20°56$; maximum $+35°$. L'humidité du climat jointe à la haute température qui règne dans les Antilles semble être la cause des maladies qu'on y redoute. Cette humidité exerce parfois une action corrosive tellement forte que des canons, exposés à l'air dans des batteries, étaient hors d'état de servir au bout de deux ans. Mais cette chaleur excessive est tempérée par les vents d'Est ou alisés qu'on appelle aussi brises de mer.

La Martinique est sujette, comme les autres Antilles, à des raz de marée et aux tremblements de terre. Les ouragans y exercent aussi de grands ravages. Les maladies les plus communes sont pour les Européens : la fièvre jaune, les fièvres maligne et putride, le tenesme et l'anémie ; pour les noirs : l'éléphantasias, la lèpre, l'hydropisie, la rougeole et la petite vérole.

Divisions, Villes, Bourgs. — Les villes ou bourgs importants de la Martinique sont : *Fort-de-France*, anciennement Fort Royal, chef-lieu de l'île, siège du gouverneur et port de relâche des paquebots transatlantiques.

Cette ville est située sur la côte occidentale, à l'entrée de la baie du même nom et à l'embouchure de la rivière Madame. Elle a 14.000 habitants. On y remarque une très jolie promenade entourée d'un quadruple rang de tamariniers énormes qui est le lieu de rendez-vous de la population. Là, sous l'ombrage épais de ces beaux arbres, l'on peut braver les rayons du soleil le plus ardent. C'est au milieu de cette promenade que s'élève la statue en marbre blanc de l'impératrice Joséphine qui naquit aux trois îlots.

Saint-Pierre, résidence de l'évêque. Cette ville située sur la côte occidentale est la plus importante de l'île. Elle compte 35.000 habitants. Sa fondation remonte à l'année 1635. Les rues y sont nombreuses, bien pavées, propres et arrosées avec les eaux qui descendent des mornes. Saint-Pierre est le centre d'un commerce considérable de rhum, de sucre, de café, de cacao, de cotonnades, etc...

Dans ses environs se trouve un jardin botanique d'une grande richesse, placé dans un site admirable. On y admire tous les végétaux rares et curieux que produisent les régions intertropicales, depuis le bambou de la Chine, le palmier épineux de l'Amérique centrale jusqu'au lotus du Nil, le dattier d'Algérie et le cocotier des Maldives.

La Trinité, placée au fond de la baie de ce nom. Cette ville compte 700 habitants. Elle fut incendiée en 1794 et reconstruite depuis sur de nouveaux plans.

Le Lamentin, 8.000 habitants. — *La Rivière Salée.* — *Le Marin.* — *Le Diamant.* — *Le Vauclin.* — *Le Gros Morne.* — *Le Carbet*, où fut créé le premier établissement français à la Martinique. — *Le Macouba.* — *La Basse-Pointe.* — *Sainte-Lucie.*

Commerce général. — Mouvement commercial entre la France et la Martinique en 1882 et 1883.

IMPORTATIONS		EXPORTATIONS	
en 1882	en 1883	en 1882	en 1883
12.915.000ᶠ	13.640.000ᶠ	26.598.000ᶠ	21.596.000ᶠ

Mouvements de la Navigation sous pavillon français dans les ports de la Martinique de 1862 à 1882

ANNÉES	ENTRÉES ET SORTIES RÉUNIES	
	NAVIRES	TONNAGE
1862	850	151.167
1863	911	165.057
1864	963	161.599
1865	860	181.556
1866	809	199.960
1867	877	233.055
1868	882	219.166
1869	822	190.963
1870	857	188.655
1871	803	165.029
1872	753	169.289
1873	835	160.471
1874	794	164.211
1875	818	218.702
1876	715	195.450
1877	736	217.431
1878	674	164.964
1879	805	244.626
1880	658	276.169
1881	649	260.314
1882	804	268.926

La Martinique nomme deux députés.

HISTOIRE. — Découverte par Christophe Colomb en 1502, la Martinique peuplée par les Indiens Caraïbes (1) qui en furent expulsés en 1661 tomba, en en 1635, au pouvoir des Français, D'olive et Duplessis qui en prirent possession au nom du roi de France. Desnambuc de Dieppe, après avoir battu plusieurs fois les Anglais et les Espagnols, s'établit au Carbet, à deux kilomètres du lieu où se trouve aujourd'hui Saint-Pierre.

L'histoire de la Martinique, comme celle de toutes nos colonies, présente bien des vicissitudes. En 1674 les Hollandais attaquent Fort-Royal et sont repoussés. En 1759 les Anglais échouent dans une expédition contre l'île. En 1762, après 50 jours de résistance, ils s'en emparent, la rendent de nouveau en 1802, à la paix d'Amiens, y rentrent encore une fois en 1809, pour nous la céder définitivement en 1814.

En 1815, les Anglais profitant des évènements qui suivirent la bataille de Waterloo, s'y installèrent de nouveau sous le fallacieux prétexte de rétablir l'ordre, mais ils durent l'évacuer en 1816 lorsque Louis XVIII y eut envoyé des troupes.

BIOGRAPHIE

A la Martinique sont nés : la gracieuse et infortunée Joséphine Tascher de la Pagerie, première femme de Napoléon Ier et veuve du général de Beauharnais, né aussi à la Martinique, qui défit les Anglais à Fort-Royal en 1759 et mourut sur l'échafaud en 1794 pour ne pas avoir secouru Mayence; le littérateur D'Avrigny, auteur d'une tragédie de « Jeanne d'Arc »; Barras, membre du Directoire ; Thibaut de Chanvalon, littérateur, auteur d'un « voyage à la Martinique »; Moreau de Saint-Mery, membre de l'Assemblée Constituante, écrivain de talent ; Magloire de Pélage, homme de couleur, qui fut gouverneur de la Guadeloupe et fit preuve de réels talents d'administrateur.

____

(1) Les mots hamac et ouragan dérivent de la langue de ce peuple indien.

LA GUADELOUPE (1)

GÉOGRAPHIE. — Situation géographique, Superficie, Population. — La Guadeloupe dont le nom primitif était Karou-Kera se trouve entre les 15°59' et 16°40' de latitude Nord et entre les 63° 20' et 64° 9' de longitude ouest du méridien de Paris. Elle présente un développement de côtes d'environ 80 lieues et une superficie de 1385 kilomètres carrés. Sa population totale est d'environ 170.000 habitants.

L'île est divisée en deux parties par la rivière Salée dont la largeur varie entre 30 et 120 mètres : La *Grande Terre* et la *Guadeloupe* proprement dite, appelée aussi *Basse-Terre*.

BASSE-TERRE OU GUADELOUPE

Montagnes. Les montagnes ou mornes qui occupent le centre de la Guadeloupe sont d'origine volcanique et ont une hauteur moyenne de 700 mètres. Les plus élevées sont : *La Soufrière* qui a la forme d'un cône oblique, d'une hauteur de 1560 mètres et dont la base est une circonférence mesurant 72.000 mètres; *La grosse Montagne* 960 mètres ; les pitons *Deux Mamelles* et le piton de *Bouillante* ; le groupe de *Houelmont* d'environ 800 mètres ; le *Morne-sans-Touché*.

Cours d'eau. Le sol de la Guadeloupe est sillonné par de nombreuses rivières qui coulent dans des lits encaissés et escarpés. La plus importante est la *Goyave* qui coule du sud au nord et prend sa source dans les hautes montagnes impraticables du centre de l'île.

Productions naturelles. — Les forêts de la Guadeloupe sont considérables. On y trouve le gaïac, dont le bois est un excellent sudorifique, l'acajou,

---

(1) Le gouvernement de la Guadeloupe forme trois arrondissements : La Basse-Terre comprenant : Saint-Martin et les Saintes ; La Pointe à Pitre, comprenant : La Désirade et Marie-Galante. Il y a un évêché suffragant de Bordeaux, une Cour d'appel et un conseil colonial.

l'acacia, le bois de fer, le gommier, le savonnier, le sandal; le campêche.

Les pentes des montagnes contiennent d'excellents pâturages.

Le sol de la Guadeloupe généralement médiocre, composé de détritus végétaux et de matières volcaniques ne doit sa fécondité qu'à la chaleur et à l'abondance des eaux.

Il existe à la Guadeloupe plusieurs sources d'eaux sulfureuses très chaudes.

LA GRANDE TERRE

La Grande Terre est généralement plate et n'offre que des collines de peu d'élévation. (30 mètres en moyenne). Aucune rivière ne l'arrose et l'eau des puits recueillie dans des citernes sert seule à la boisson des habitants. La chaleur y est plus forte et le climat moins sain qu'à la Basse-Terre proprement dite, mais la terre à base calcaire y est grasse et fertile.

Les côtes basses et humides de la Grande Terre sont couvertes d'oliviers sauvages, de mancenilliers, de corrossoliers et de mangliers.

Cultures communes à la Guadeloupe ou Basse Terre et à la Grande Terre. — On cultive tant à la Basse-Terre qu'à la Grande Terre, pour l'exportation : la canne à sucre, le caféier, le cacaotier, le cotonnier, le tabac, l'indigotier, le cannellier, le muscadier ; pour l'alimentation : le bananier qui donne un fruit sain et excellent, le manioc qui fournit une délicieuse fécule, des patates ou pommes de terre, des ignames et des pois d'Angole.

Climat. — Le climat de la Guadeloupe est à peu de chose près le même que celui de la Martinique.

Villes et Bourgs principaux de la Basse Terre. — Les villes et bourgs principaux de la Basse-Terre sont:

La Basse Terre, sur la côte occidentale, chef-lieu

de la Guadeloupe, siège du gouvernement, évêché, cour d'appel. Cette ville dont la fondation remonte à l'année 1635 compte environ 13.000 habitants. En 1660 elle avait déjà plusieurs rues, une église monumentale, deux couvents et un grand nombre de maisons. Pillée et brûlée à plusieurs reprises par les Anglais elle se relevait de ses ruines lorsqu'un épouvantable incendie la détruisit de nouveau en 1782. Elle comptait alors 13.000 habitants. Depuis cette époque la ville a eu à souffrir des révoltes des nègres et des ouragans. On remarque à la Basse-Terre le tombeau du brave général Richepanse (1778-1802), les églises, l'hôtel du gouvernement, le palais de justice, l'hôpital, l'arsenal, et une très jolie promenade plantée de magnifiques tamarins.

Les environs de la Basse-Terre entourés de collines que couronnent des bois épais et dont les pentes sont couvertes de moissons et émaillées de coquettes habitations offrent un aspect pittoresque et charmant.

La rade de la Basse-Terre ouverte à tous les vents n'offre pas un mouillage sûr ; aussi les navires vont-ils hiverner aux Saintes et à la Pointe-à-Pitre qui, de cette façon, accapare la plus grande partie du commerce de la Guadeloupe.

Matouba. Ce bourg adossé aux mornes qui forment la base de la Soufrière est le plus sain de l'île pour les Européens.

Le Baillif. Ce bourg fut détruit deux fois par les Anglais.

Bouillante dont les environs renferment plusieurs sources d'eaux thermales. Ces eaux avaient autrefois la réputation de guérir les hydropisies, les engorgements et les maux de nerfs.

La Pointe Noire. Sainte-Rose où en 1635, D'Olive et Duplessis firent leur premier établissement. On nomme encore l'endroit où ils débarquèrent, l'anse du vieux port.

Le Lamentin, où l'on respire un très mauvais air, la *Baie Mahaut*, le *Capesterre* ou le *Marigot*, port de commerce près duquel on trouve les ruines du bourg Saint-Sauveur, incendié en 1802 par les nègres révoltés. L'anse Saint-Sauveur est très commode pour le cabotage.

Les *Trois Rivières*, incendié en 1802 et reconstruit en 1812.

Le *Vieux Fort*, où s'élevait jadis le château de Houel, propriétaire de la Guadeloupe, et que les Anglais détruisirent en 1703. La côte, dans cette partie de l'île, est taillée à pic et n'offre partout que de hautes falaises abruptes coupées de précipices qui en rendent l'accès difficile. C'est dans les vallées bien abritées de cette région qu'on a fait les premières plantations de girofliers.

Villes et Bourgs principaux de la Grande Terre. — Les villes et bourgs principaux de la Grande-Terre sont :

La *Pointe-à-Pitre*, port et chef-lieu d'arrondissement. Cette ville s'élève au fond de la baie qui porte ce nom, à l'embouchure de la rivière Salée, à 12 lieues au nord-est de la Basse-Terre. Sa population est de 15.000 habitants. Elle manque d'eau et est environnée de marais dont les exhalaisons sont malsaines, surtout pendant l'hivernage, mais la sûreté et la commodité de son port, sa situation au centre de la Guadeloupe lui assurent un rôle prépondérant parmi les villes commerciales des Antilles.

La Pointe-à-Pitre a été fondée en 1763 et a porté jusqu'en 1772 le nom de « Ville-du-Morne-renfermé ».

Mais le nom d'un pêcheur, Pitre, qui habitait son emplacement a prévalu. La ville fut incendiée en 1780 et rebâtie en pierres extraites des flancs des mornes voisins.

Le *Gosier*, *Sainte-Anne*, *Saint-François*, près de la pointe des châteaux où l'on mène paître les meilleurs moutons de la Guadeloupe. A 2 lieues en mer, au sud-est de Saint-François, se trouvent deux îlots de quatre kilomètres de longueur sur trois de largeur que l'on appelle « La petite terre. Ces ilôts sont fréquentés surtout par les pêcheurs.

Le Moule, sur la côte nord-est (8000 habitants), *Port-Louis*, à 6 lieues de la Pointre-à-Pitre, *Le Gripon*.

Commerce général de la Guadeloupe et de ses dépendances. — Mouvement commercial de la Guadeloupe avec la France en 1882-1883.

IMPORTATIONS		EXPORTATIONS	
en 1882	en 1883	en 1882	en 1883
12.694.000	12.385.000	27.070.000	18.673.000

Mouvement de la Navigation dans les ports de la Guadeloupe (sous pavillon français) de 1862 à 1882

ANNÉES	ENTRÉES ET SORTIÉS RÉUNIES	
	NAVIRES	TONNAGE
1862	840	106.447
1863	927	118.600
1864	932	95.545
1865	696	96.156
1866	444	79.987
1867	598	91.633
1868	602	96.858
1869	569	87.050
1870	551	84.623
1871	592	98.033
1872	644	95.014
1873	594	86.687
1874	541	74.927
1875	526	87.630
1876	441	72.346
1877	532	84.897
1878	506	77.452
1879	502	87.579
1880	389	81.139
1881	382	73.455
1882	511	97.550

La Guadeloupe nomme deux députés. (Loi du 16 juin 1885).

HISTOIRE. — La Guadeloupe primitivement habitée par les Caraïbes qui en furent expulsés en 1660, au nombre de 6000, fut découverte par Christophe Colomb en 1493. En 1635 L'Olive et Duplessis s'y établirent avec 500 engagés ; ils y construisirent le fort Saint-Pierre ; mais ce ne fut qu'en 1643, après l'arrivée du sieur Houel, sénéchal pour la Compagnie des Iles d'Amérique, que la colonie devint prospère.

En 1654 la Guadeloupe donna asile aux Hollandais chassés du Brésil par les Portugais et repoussa victorieusement les Anglais qui voulaient s'en emparer. Ces derniers dans une attaque qu'ils firent contre l'île, en 1666, virent leur flotte détruite par un terrible ouragan.

En 1675 la Guadeloupe fut réunie au domaine de l'Etat. En 1691 et 1703 les Anglais l'attaquèrent de nouveau avec insuccès. Plus heureux en 1759 ils s'en emparèrent et la gardèrent jusqu'en 1763. En 1782, près des Saintes, le comte de Grasse fut défait par la flotte anglaise que commandait l'amiral Rodney et la Basse-Terre incendiée. En 1794 la Guadeloupe prise par les Anglais leur fut reprise par Victor Hugues. Tombée encore une fois aux mains de ses implacables ennemis, en 1810, la Guadeloupe ne nous fut rendue définitivement qu'en 1814.

BIOGRAPHIE

A la Guadeloupe sont nés : le général Dugommier (1736-1794) qui reprit Toulon aux Anglais avec l'aide de Bonaparte, chassa les Espagnols du Roussillon et fut tué à la bataille de la Montagne noire ; le général Gobert ; le colonel Saint-Georges ; le peintre Lethière, auteur d'un tableau sur la mort du fils de Brutus ; le poète Léonard Campenon, auteur de l'enfant prodigue et successeur de Delille à l'Académie française.

MARIE GALANTE

GÉOGRAPHIE. — Marie Galante (nom de l'un des vaisseaux de Chistophe Colomb) est située par les 16° 3' de latitude Nord et 63° 29' de longitude Ouest du Méridien de Paris, à sept lieues au sud-est de la Guadeloupe. Elle a environ 14 lieues de circonférence et une superficie de 153 kilomètres carrés. Sa forme est presque circulaire et les mornes, dont le plus élevé n'a que 200 mètres, y forment une chaîne qui va de l'est à l'ouest. Sa population est d'environ 12.000 habitants.

Cette île n'a point de port commode ; ses côtes formées de falaises élevées et taillées à pic en rendent l'abord difficile.Elle n'a pas de rivières mais seulement quelques sources que la chaleur dessèche souvent. Les habitants recueillent l'eau de pluie dans des réservoirs et des citernes. Néanmoins le sol est propre à la culture de la canne à sucre, du caféier, du cacaotier et du bois de campêche.

Les chevaux de Marie Galante, quoique de petite taille, sont très estimés aux Antilles.

Les bourgs principaux sont : Le *Grand Bourg* ou *Marigot*, *Saint-Louis*, *Capesterre* et *Vieux Fort*.

HISTOIRE. — Marie Galante, découverte en 1493 par Christophe Colomb, fut occupée pour la première fois, en 1648, par les Français qui en chassèrent, vers 1654, les Caraïbes, après plusieurs combats sanglants. Cette île fut prise et reprise par les Anglais en 1691-1763 et 1808. Elle a été plusieurs fois ravagée par les ouragans.

LA DÉSIRADE

GÉOGRAPHIE. — La Désirade se trouve par 16° 20' de latitude Nord et 63° 22' de longitude Ouest du Méridien de Paris, à 10 kilomètres au Nord-Est de la

Grande-Terre (Guadeloupe). Sa superficie peut être évaluée à 43 kilomètres carrés. Elle renferme 1800 habitants. Une chaîne de montagnes où l'on trouve les traces d'un ancien volcan et qui contient des cavernes curieuses la traverse dans toute sa longueur. L'île contient plusieurs sources abondantes. On y cultive différentes espèces de fruits. Le sol sablonneux et aride est favorable à la plantation du cotonnier et du gaïac. L'air y est très salubre.

HISTOIRE. — La Désirade fut occupée par les Français en 1648. En 1728 on y établit une léproserie pour la Guadeloupe qui fut aussi affectée plus tard aux malades de la Martinique. Cette léproserie fut détruite par les Anglais, avec la plus grande barbarie, en 1808.

LES SAINTES

GÉOGRAPHIE. — Les deux petites îles appelées Les Saintes ; *Terre d'en Haut* et *Terre d'en Bas*, se trouvent par les 15° 54' de latitude Nord et 65° 1' de longitude Ouest du Méridien de Paris, à trois lieues au sud-est de la pointe méridionale du Vieux Fort de la Guadeloupe. Leur superficie est d'environ 14 kilomètres carrés dont la moitié est cultivée. Elles contiennent environ 1500 habitants. La plus grande des deux îles, Terre d'en Haut, est la plus fertile et la plus peuplée, mais toutes deux sont hérissées de mornes dont le plus élevé a 315 mètres d'altitude.

L'eau y manque complètement. Ce qui donne surtout de l'importance aux Saintes ce sont les bons mouillages qu'elles offrent aux navires.

Le petit Ilet qu'on nomme aussi *Ilet à Cabris* forme avec La Terre d'en Haut une rade très vaste et très sûre où peuvent s'abriter un grand nombre de vaisseaux. Au sud de La Terre d'en Bas se trouve le *Grand Ilet.*

Sur les côtes des Saintes la pêche est abondante et l'on trouve sur leurs rivages des tortues dont la chair est très estimée.

HISTOIRE. — Les Saintes ainsi nommées par Christophe Colomb qui les découvrit en 1493, le jour de la Toussaint, furent occupées pour la première fois par les Français en 1648. Elles furent prises par les Anglais en 1794 et 1809 et ont partagé la bonne et la mauvaise fortune de la Guadeloupe.

SAINT-MARTIN

GÉOGRAPHIE. — Cette île se trouve par les 18° 4' de latitude Nord et 65° 25' de longitude Ouest du Méridien de Paris, à 45 lieues environ au nord-ouest de la Guadeloupe. On évalue sa superficie à 55 kilomètres carrés. (1) L'intérieur de cette île est hérissé de montagnes ou mornes dont quelques-uns ont 600 mètres d'élévation. On n'y rencontre aucune rivière mais des sources abondantes et des étangs d'eau potable.

Le sol y est léger, pierreux et peu propre à la culture si ce n'est à celle de la canne à sucre et du coton.

Les côtes coupées par des baies profondes offrent d'assez bons mouillages.

La population de Saint-Martin est évaluée à 7.500 habitants, dont 4.000 pour la partie française qui se trouve au nord et a pour chef-lieu, le *Marigot*, bourg situé au fond d'une baie qui présente un excellent abri aux navires.

Près de là se trouve l'île *Tintamarre*.

HISTOIRE. — Cette île était inhabitée lorsque le commandant de Poincy y descendit en 1639, mais

(1) Pour la partie française.

sans s'y établir. Les Hollandais qui l'occupèrent les premiers en furent d'abord chassés par les Espagnols, mais ils ne tardèrent pas à y entrer de nouveau. Lorsque les Français revinrent en 1648, croyant la place vide, ils y trouvèrent les Hollandais réinstallés. Alors les deux chefs se réunirent et d'un commun accord se partagèrent l'île. La partie nord, plus des deux tiers, échut aux Français, la partie sud aux Hollandais.

Cette île, réunie au domaine de l'Etat en 1674, fut occupée par les Anglais en 1781, 1794, 1800 et 1810. Aujourd'hui encore la plus grande partie de ses habitants sont d'origine anglaise.

SAINT-BARTHÉLEMY

GÉOGRAPHIE. — Saint-Barthélemy est située tout près et au sud de Saint-Martin. Sa superficie est de 21 kilomètres carrés. On y compte 3.000 habitants environ. Le chef-lieu est *Gustavia* près d'un bon port franc appelé le *Carénage*.

Cette île ne renferme pas d'eau potable mais on y trouve des bois précieux pour l'ébénisterie, l'ameublement et la construction. On y cultive le sucre, le coton, le tabac.

HISTOIRE. — Achetée vers 1650 à la Compagnie de commerce et de colonisation fondée en 1626 par le capitaine Desnambuc, au nom de l'ordre de Malte, par le commandeur de Poincy, cette île devint plus tard (1784) la propriété de la Suède qui nous l'a revendue en 1878. Le climat de l'île Saint-Barthélemy est celui des autres Antilles.

SAINT-PIERRE et les deux MIQUELONS

GÉOGRAPHIE. — Saint-Pierre et les deux Miquelons, la grande et la petite Miquelon, se trouvent au sud de Terre-Neuve, à l'embouchure du Saint-Laurent, par le 47° de latitude Nord et entre les 58° et 59° de longitude Ouest du Méridien de Paris. Elles sont plates et peu boisées. On y trouve quelques-uns des arbres et arbustes fruitiers de France : le pommier sauvage, des groseillers, des fraisiers et des framboisiers. Le sol contient quelques minéraux et des cristaux d'un éclat métallique jaunâtre.

Les côtes généralement basses offrent des emplacements commodes pour les pêcheries.

Le climat, qui est le même qu'à Terre-Neuve, y est très sain.

Saint-Pierre et les deux Miquelons ont une population d'environ 4.000 habitants qui descendent pour la plupart des colons français chassés de l'Acadie en 1755.

Villes et bourgs principaux. — *Saint-Pierre* dans l'île de ce nom, à 20 kilomètres de Terre-Neuve, est le chef-lieu du gouvernement. Ce bourg où, pendant la pêche de la morue règne une grande activité est à proximité d'une rade où peuvent s'abriter des navires du plus fort tonnage et possède un port franc où les transactions à l'importation et à l'exportation se sont élevées en 1883 à 28.099,735 francs.

En échange de l'appât ou bouette qu'ils y débarquent, les pêcheurs anglais y font des achats considérables d'objets de toutes espèces.

Miquelon est un bourg situé dans la grande Miquelon qui n'offre rien de remarquable.

Mœurs et Coutumes des habitants. — Les habitants de ces îles sont doux, hospitaliers, sobres, industrieux, marins et pêcheurs intrépides. Malgré leur contact journalier avec des matelots de toute nationalité,ils ont conservé pures leurs anciennes coutumes et professent en toute occasion leur profonde affection pour la mère-patrie.

Pêche de la morue, Commerce général. Les pêcheurs français qui fréquentent ces parages viennent surtout de Dieppe, Fécamp, Granville, Saint-Malo, Saint-Brieuc, Morlaix et Tréguier. La pêche de la morue qui a subi bien des vicissitudes est restée néanmoins l'une des branches les plus importantes de nos expéditions maritimes commerciales.

Le tableau suivant fait ressortir l'importance actuelle de la pêche de la morue sur les côtes de Terre-Neuve et d'Islande :

PÊCHE DE LA MORUE EN 1882-1883

ANNÉES	QUANTITÉS PÊCHÉES (En kilogrammes)		VALEUR EN ARGENT (En francs)		NOMBRE DE BATEAUX		NOMBRE D'HOMMES	
	Terre-Neuve	Islande	Terre-Neuve	Islande	Terre-Neuve	Islande	Terre-Neuve	Islande
1882	17.803.924	12.013.058	8.703.221	7.409.160	160	211	5980	3696
1883	21.315.853	13.082.386	10.141.511	7.916.398	160	236	6009	4148

Mouvement de la Navigation sous
pavillon français
aux îles St-Pierre et Miquelon de 1862 à 1882

ANNÉES	ENTRÉES ET SORTIES RÉUNIES	
	NAVIRES	TONNAGE
1862	644	106.376
1863	645	106.005
1864	660	107.588
1865	728	123.241
1866	1131	156.833
1867	955	160.728
1868	1119	151.099
1869	956	153.352
1870	861	135.234
1871	635	117.616
1872	870	135.126
1873	882	133.481
1874	940	146.557
1875	910	137.331
1876	845	132.772
1877	827	122.844
1878	993	145.581
1879	966	137.607
1880	1052	146.594
1881	885	122.256
1882	905	126.549

HISTOIRE. — Terre-Neuve et les terres voisines du continent, le Canada et l'Acadie, ont été reconnues par des marins bretons sous la conduite de Jacques Cartier, célèbre navigateur, né à Saint-Malo en 1494, mort en 1554, qui remonta le Saint-Laurent en 1534. Les basques français explorèrent également Terre-Neuve, Saint-Pierre et les Miquelons. La plupart des baies et caps de Terre-Neuve portent encore des noms français.

De nos immenses possessions dans le nord de l'Amérique, de Terre-Neuve, des pays de la baie d'Hudson, de l'Acadie ou Nouvelle-Ecosse, du Canada, cette terre restée si française et où combattirent avec tant d'héroïsme Montcalm et ses soldats abandonnés par le gouvernement de Louis XV, il ne nous reste plus que les îlôts de Saint-Pierre et Miquelon et un droit de pêche à Terre-Neuve avec l'usage d'une certaine étendue de côtes pour les établissements temporaires où l'on apprête la morue. Ce droit de pêche accordé par le traité d'Utrecht s'étend entre *Lod Rey*, sur la côte ouest de l'île, et *La Scie*, sur la côte est, en passant par le nord.

LA GUYANE

GÉOGRAPHIE. — **Situation géographique, Superficie, Population.** — La Guyane française est située sur la côte orientale de l'Amérique du Sud, entre les 4e et 6e degrés de latitude Nord et entre les 53e et 62e degrés de longitude Ouest du Méridien de Paris. Elle est bornée au nord par la Guyanne hollandaise et l'Océan Atlantique ; à l'est par l'Océan Atlantique, au sud par les monts Tumucumaque et l'Oyapok qui la séparent du Brésil. Elle présente un développement de côtes de 360 kilomètres et une superficie de 90.000 kilomètres carrés sur lesquels 20.000 hectares environ sont cultivés. Mais, si notre domination s'étend, comme on le prétend, jusqu'à l'Araguari, la superficie totale de la Guyane française est de

150.000 kilomètres carrés avec une population de 32.000 habitants.

Côtes, Iles. — Sur les côtes se trouvent plusieurs îles ou ilôts, entre autres : l'île de *Cayenne* qui a 5 lieues de longueur sur 3 de largeur ; les *Iles du Salut* près du *Kourou ;* le groupe de *Remire*, au sud de Cayenne qui comprend cinq ilôts et deux énormes rochers, les *Connétables*, remarquables par le nombre incroyable d'oiseaux qui y font leurs nids et auxquels font la chasse de grands lézards ou ignames qui se nourrissent de leurs œufs ; *L'enfant perdu* ; les *Iles Vertes*.

Nature et relief du sol, Montagnes. — Le sol de la Guyane, formé pour un tiers de terres argileuses et d'origine volcanique et pour les deux autres de terres grasses et d'alluvion, s'élève peu à peu, à partir des côtes qui sont basses et humides et qu'une ceinture épaisse de mangliers et de palétuviers défend contre les envahissements de la mer, donnant naissance à des montagnes assez hautes, mais les côteaux qui avoisinent les terres basses ne s'élèvent guère à plus de 60 mètres au-dessus du niveau de la mer.

Citons les collines de *Cayenne* et la *Montagne d'argent*, près de l'Oyapok, dont le sommet représente une selle et est couvert de bois.

Rivières et Cours d'eau. — Les rivières qui arrosent ce vaste territoire sont le *Maroni*, le *Sinamari* (sur ses bords furent transportés en 1797 les proscrits du 18 fructidor); la *Cayenne* ; l'*Approuague*; le *Kourou* ; l'*Onyac* ; la *Mana ;* l'*Iracoubo* ; la *Canamana* ; l'*Oyapok ;* la *Kaou*...

Toutes ces rivières sont larges, peu profondes et ont un cours de peu d'étendue.Plusieurs canaux de dessèchement ont été creusés dans le but de faciliter la culture des terres qui avoisinent la côte et que la mer et les eaux pluviales inondaient périodiquement.

Productions naturelles, Cultures. — L'intérieur de la Guyane imparfaitement exploré est rempli d'immenses forêts qui offrent un luxe de végétation inconnu dans nos contrées. Là s'élèvent et s'entrelacent le copayer d'où l'on extrait le baume de copahu ; l'arbre à caoutchouc qui fournit la gomme élastique ; le baobab, le plus grand des végétaux connus ; le sagoutier ;...

Dans les terres cultivées mûrissent le manguier ; le mangoustan ; la Rima (arbre à pain), le grenadier, la canne à sucre, le cacaotier, le giroflier, le vanillier et la plupart des fruits d'Amérique et de l'Inde asiatique.

Animaux. — On rencontre beaucoup d'espèces d'animaux à la Guyane : le tigre, le tapir, le tamanoir, le daim, le sapajou ou singe d'Amérique, le porc épic, le chat tigre, le cochon marron, sorte de sanglier, le serpent à sonnettes dont la longueur atteint parfois douze mètres, des milliers d'oiseaux et d'insectes, les mêmes qu'aux Antilles. Parmi les insectes nuisibles citons la chique, sorte de puce pénétrante très redoutable.

Le poisson foisonne sur les côtes et sa pêche est une source de richesses pour la colonie. On y pêche communément des mulets, des gros yeux, des raies, des marteaux, des requins, des espadons, des tortues de mer dont la chair est, dit-on, excellente, des crabes, des crustacés de toutes sortes.

Minéraux. — On suppose qu'il existe des mines d'argent dans l'intérieur. On a découvert en 1873 dans le bassin de l'Approuague des gisements d'or et on en a recueilli pour une valeur de 2.500.000 francs. Dans les terrains qui avoisinent Cayenne on trouve des particules ferrugineuses attirables par l'aimant.

Climat. — Le climat, quoi qu'on ait dit, est encore plus sain à la Guyane qu'aux Antilles. La température y varie entre + 23° 75' et + 31° 25' On n'y connaît ni chaleurs excessives, ni tremblements de terre, ni ouragans. Il n'est pas rare de rencontrer des vieillards à la Guyane, et, en observant les lois de l'hygiène, nous croyons que les européens peuvent parfaitement s'y acclimater ; leur teint y conserve ses couleurs fraîches et vives qu'il perd vite aux Antilles. Les seules maladies qu'on ait à y redouter sont les affections scorbutiques, les maladies de peau et l'éléphantiasis, sorte de lèpre qui s'attaque surtout aux jambes et les fait enfler démesurément.

Mœurs et coutumes des habitants. — Les Indiens de la Guyane forment un grand nombre de tribus nomades qui errent dans ces contrées peu connues. Les plus importantes (toutes d'ailleurs ont conservé les traits distinctifs de la race Caraïbe) sont celles des *Galibis*, des *Emerillons*, des *Oyampis*, des *Acoquas*, des *Noragouès*. Tous ces indiens ont la peau d'un rouge cuivré et se teignent avec le rocou pour donner plus de lustre à leur couleur naturelle. Ils ont la taille médiocre et les formes arrondies comme celles des femmes. Leur chevelure qu'ils laissent flotter sur leurs épaules ou qu'ils nouent avec des cordes ou des lianes, en forme de queue, est noire, longue et rude. Leur caractère est doux, apathique. Leurs armes sont le casse-tête ou toutou, l'arc et les flèches dont ils empoisonnent parfois la pointe avec le jus de la liane curare ou d'autres plantes vénéneuses. Ils vivent de chasse et de pêche et ne cultivent guère que le rocou, les ignames et le manioc dont ils se nourrissent.

Leurs habitations où carbets consistent dans un plancher composé de lattes de bois de palmier liées par des traverses de liane, porté sur des poteaux qui s'élèvent à deux mètres au-dessus du sol et recouvert d'un toit de forme conique fait de feuilles de latanier.

Divisions, Villes, Bourgs. — *Cayenne*, (8000 habitants), siège du gouvernement colonial, est située dans l'île de ce nom (autrefois Muccumbro) sur la rive droite et à l'embouchure de la Cayenne par 4° 57' de latitude Nord et 54° 37' de longitude Ouest.

Cette ville fondée en 1635 est le centre du commerce de toute la colonie. Sa position à l'entrée d'un fleuve, la sûreté de son port quoique peu profond lui assurent la prépondérance sur ses humbles voisines.

Approuague, Oyapok, Saint-Paul, Kourou construit en 1665 et *Sinamari*, à 27 lieues au nord-ouest de Cayenne, sont les seuls centres un peu importants de la Guyanne.

Commerce général. — Mouvement commercial entre la France et la Guyane en 1882 et 1883.

IMPORTATIONS		EXPORTATIONS	
en 1882	en 1883	en 1882	en 1883
5.549.000f	5.844.000f	535.000f	335.000f

Mouvement de la Navigation (sous pavillon français) à la Guyane.

ANNÉES	ENTRÉES ET SORTIES RÉUNIES		OBSERVATIONS
	NAVIRES	TONNAGE	
1862	93	2.491	
1863	87	22.772	
1064	75	19.449	
1865	105	27.235	
1866	185	44.201	
1867	213	50.208	
1868	200	47.847	
1869	190	45.161	
1870	194	45.146	
1871	177	38.418	
1872	143	34.580	
1873	126	31.196	
1874	133	31.729	
1875	131	33.066	
1876	133	38.702	
1877	141	45.094	
1878	135	40.127	
1879	114	35.678	
1880	135	44.417	
1881	135	49.983	
1882	118	40.574	

HISTOIRE. — C'est en 1498 que Christophe Colomb découvrit le continent américain dont fait partie aujourd'hui la Guyane française. On ne peut en effet attribuer l'honneur de cette importante découverte à Améric Vespuce, qui n'aborda l'Orénoque qu'en 1499, un an plus tard. La Guyane était alors habitée par les Caraïbes, nation courageuse et belliqueuse qui a disparu, après plus de deux siècles de luttes sanglantes, devant le flot conquérant des Européens.

C'est en 1604 que les Français s'établirent pour la première fois à Cayenne et y donnèrent asile aux protestants chassés du Brésil par les Portugais. Diverses sociétés commerciales tentèrent d'y créer des comptoirs en 1624, 1636, 1640, 1643 et 1652, mais durent abandonner leur entreprise devant l'insalubrité du climat. Les dissensions qui s'élevèrent entre elles, l'inimitié des Caraïbes les obligèrent bientôt à quitter entièrement la contrée.

C'est alors qu'un Hollandais nommé Guérin Spranger débarqué après le départ du dernier Français, s'entendit avec les Indiens auxquels il offrit de riches présents et se mit à cultiver la canne à sucre, l'indigo, le coton et le rocou. Ses établissements prospéraient lorsque la grande Compagnie de la France équinoxale fondée par Colbert, appuyée par les troupes venues de France, s'empara de la colonie naissante, en 1664. Mais prise en 1657 par les Anglais qui, suivant leur habitude la pillèrent de fond en comble et par les Hollandais en 1672, reprise par l'amiral d'Estrées en 1674 elle ne commença à prospérer qu'en 1774 sous l'administration de Malouet (1740-1814), qui apprit aux colons à cultiver les terres basses et utilisa les procédés de dessèchement employés précédemment à Surinam.

Malheureusement, avant cette époque, en 1763, 12.000 hommes débarqués sur une plage déserte, sans vivres et sans approvisionnements, y avaient péri de misère et de faim. En 1768 une nouvelle expédition avait failli avoir le même sort. Il est vrai que Louis XV gouvernait alors !

En 1772, 1783 et 1788 le célèbre Poivre y introduisit des plantes à épices, et c'est à lui que la colonie doit ses plus riches productions. Sous le gouvernement de Victor Hugues, pendant les guerres de la République et de l'Empire, la colonie fut aussi enrichie par les prises de nos corsaires. En 1809 la Guyane fut attaquée et prise par les Portugais qui nous la rendirent en 1814, mais nous n'y rentrâmes définitivement qu'en 1817, sous le règne de Louis XVIII. Cayenne a longtemps servi de lieu de déportation. Aujourd'hui c'est la Nouvelle-Calédonie qui a le triste privilége de recevoir la population criminelle de notre pays.

VARIÉTÉS

Le fait suivant raconté par Malouet dans ses mémoires vient à l'appui de ce que nous avons avancé plus haut au sujet des cas de longévité qu'on a constatés à la Guyane parmi les Européens.

Malouet, dans une de ses excursions à l'intérieur du pays, rencontra sur les rives de l'Oyapok, près d'une cascade, dans un îlot désert, un vieux soldat de Louis XIV qui avait été blessé à la bataille de Malplaquet, admis aux Invalides et qui, par suite de circonstances inexpliquées, était venu se fixer dans la colonie. Ce vieillard était alors âgé de 110 ans et, depuis vingt-cinq ans n'avait ni mangé de pain ni bu de vin, se nourrissant exclusivement des poissons qu'il pêchait dans la rivière ou que les naturels pleins de respect pour son grand âge lui apportaient. Quand Malouet le quitta, après lui avoir promis de pourvoir désormais à son existence et lui avoir fait goûter aux mets et aux vins qu'il avait avec lui, ce vieux soldat qui avait connu le grand roi, le maréchal de Villars, Catinat, et monté la garde à la porte de l'illustre Fénélon, archevêque de Cambrai, se mit à fondre en larmes ; puis, s'apercevant, malgré sa cécité, de l'émotion qui étreignait le cœur de son éminent visiteur, il étendit les mains sur lui et lui donna sa bénédiction.

COLONIES D'ASIE

La France possède directement en Asie :
1° plusieurs établissements dans l'Inde :
PONDICHÉRY, CHANDERNAGOR, YA-
ÑAON, KARIKAL et MAHÉ : 2° La CO-
CHINCHINE FRANÇAISE. Sous son pro-
tectorat sont placés le CAMBODGE, l'AN-
NAM et le TONKIN.

ÉTABLISSEMENTS DE L'INDE

**GÉOGRAPHIE. — Situation géographique,
Superficie, Population. —** Du grand empire
fondé par Dupleix aux Indes Orientales il ne nous
reste plus que cinq comptoirs peuplés en tout de
260 000 habitants et présentant une superficie de
50.000 hectares : *Pondichéry* la capitale, sur la côte
de Coromandel et le golfe du Bengale ; *Karikal*, au
sud, et *Yanaon* au nord de cette ville ; *Mahé* sur la
côte de Malabar et la mer d'Oman ; *Chandernagor* sur
le Gange, près de Calcutta.

Productions naturelles, Cultures. — La
végétation est prodigieuse dans l'Inde ; on y fait deux
récoltes par an. On y trouve jusqu'à vingt-cinq espèces
de riz, principale nourriture des Indiens, des murrhus,
du tanna, du toll, farineux particuliers aux pays, l'indigo, le tabac, le chanvre, le lin, le coton, le bétel,
l'opium, le poivre, des palmiers et des bambous de

toutes sortes, des roses, particulièrement celles de Delhy et de Gazbipour qui fournissent une essence célèbre en Orient.

Il y a dans l'Inde de grandes forêts où l'on trouve des bois propres aux constructions et parmi eux le tek qui est inattaquable par les vers. Au nombre des arbres remarquables qui y fourmillent citons le banyan qu'on appelle aussi figuier des pagodes et qui est sacré parmi les Hindous ; cet arbre a la propriété de projeter vers la terre ses rameaux qui, en y prenant racine, forment à eux seuls une sorte de petite forêt. Certains de ces arbres ont ainsi jusqu'à 600 mètres de circonférence. On citait autrefois le banyan de Guzarate dont les troncs multipliés couvraient un espace de plus de 650 mètres de tour.

Animaux. — L'Asie est le pays des grands animaux. L'Inde est peuplée d'éléphants, de rhinocéros, de tigres énormes. On y trouve des singes, des cerfs, des antilopes, des buffles, des ours et des reptiles de grandes dimensions, parmi lesquels le boa et l'amphisbène.

Au nombre des espèces domestiques sont les bœufs, animaux sacrés parmi les Hindous ; la brebis à laine soyeuse, la chèvre du Népaul dont la queue ondoyante sert de chasse-mouches aux nababs ; les oiseaux sont nombreux et tous remarquables par la beauté et la variété de leur plumage.

Dans les rivières on pêche beaucoup de poissons d'espèces particulières au pays mais on y rencontre aussi des serpents, des gavials et des crocodiles monstrueux.

Parmi les oiseaux vraiment remarquables il y a lieu de mentionner une cigogne qui atteint jusqu'à cinq pieds de hauteur et qu'on appelle dans le pays : « adjudant ou mangeur d'os. » Cet oiseau que l'on respecte parcequ'il débarrasse les rues des détritus en putréfaction qui y séjournent souvent et qu'il fait par conséquent l'office de nos balayeurs, en France, passe grave et imperturbable au milieu des rues encombrées de passants et de voitures.

Puisque nous en sommes aux animaux remarquables, nos lecteurs ne nous en voudront sans doute pas de leur citer ici un trait curieux relaté par un ancien journal de Calcutta et qui donne la mesure de l'intelligence de l'éléphant, le roi des animaux dans l'Inde.

Une troupe d'éléphants sauvages rôdait depuis quelque temps autour d'un magasin de riz solidement construit en briques et dans lequel on ne pouvait pénétrer que par le toit et à l'aide d'une échelle. Le détachement de cipayes qui en avait la garde fut obligé de quitter son poste pour une expédition pressée. Aussitôt nos éléphants s'avancent avec prudence d'abord et se faisant précéder d'un éclaireur ; puis, quand ils furent convaincus que la place était libre, ils se mirent, les uns après les autres, à attaquer le mur du magasin avec leurs puissantes défenses et réussirent à y pratiquer ainsi une ouverture assez grande pour laisser passer l'un d'eux. Alors les uns après les autres ils s'introduisirent dans le magasin et y firent un repas des plus copieux. Tout à coup l'un d'eux laissé en sentinelle poussa un cri aigu et nos voleurs détalèrent. Les cipayes revenaient, mais trop tard, car leurs approvisionnements avaient été fortement entamés !

Ce trait de sagacité nous remet en mémoire la vengeance de cet éléphant que son cornac promenait dans les rues d'une petite ville de province, au grand ébahissement des gens. Notre animal allongeait amicalement sa trompe vers les fenêtres des rez-de-chaussée quêtant quelque friandise, lorsqu'un savetier eut l'idée malheureuse de le piquer de son alène ; l'éléphant retira sa trompe vivement et poursuivit sa route sans témoigner aucune colère ; mais, le lendemain, passant dans la même rue et apercevant le savetier dans son échoppe, il fit provision dans le ruisseau d'une ample quantité d'eau croupie et en aspergea son ennemi. On voit la tête que dut faire notre homme sous cette avalanche.

Règne Minéral. — L'Inde possède un grand nombre de gisements métalliques. On y trouve de l'or, du cuivre, de l'étain, du fer ; il y a des diamants dans le Nirzham et le Balaghar, des rubis, des saphirs, des améthystes, des onyx et du cristal de roche. C'est le pays des merveilles.

Climat. — Malheureusement le climat de l'Inde est nuisible à l'européen qui ne peut s'y acclimater. La température accablante qui y règne énerve promptement l'organisme et abrège le vie de moitié. Le sang s'appauvrit, le teint blêmit et la phtisie avec l'anémie ne tardent pas à arriver. La chaleur moyenne sur la côte de Coromandel est de 89° Farhenheit.

Des vents réguliers appelés moussons soufflent alternativement du S.-O. au N.-E. pendant six mois et partagent l'année en deux saisons: La saison des pluies ou d'hiver et la saison d'été ou de sécheresse.

Religion, Mœurs et coutumes des Hindous. — Les Hindous croient à l'existence d'un être suprême, créateur de toutes choses, Para-Brama. Au-dessous de cette divinité suprême se trouvent Brama, Wishnou et Schiva, puissances inférieures qui composent la Trinité Indienne connue sous le nom de Trimourti et où sont renfermés les principes créateur, et destructeur.

Au-dessous de ces trois puissances qui dérivent de Para-Brama, essence même de la divinité, il existe un grand nombre de divinités secondaires qui, comme chez les Grecs et les Romains, ont toutes leurs destinations particulières. Indra, est le dieu des météores ; Tchandra, la lune ; Yama, la mort ; Lacshmi, la fortune ; Codvera, le dieu des richesses ; Agni, le dieu du feu ; Pavan, le dieu de la musique et des vents, qui rappelle le Pan des Grecs.

Les Hindous croient aussi à l'existence de bons et de mauvais génies. Leur croyance à la métempsycose est générale. De là leur horreur pour toute nourriture animale et leur vénération pour certains animaux. Ils donnent au monde une antiquité fabuleuse de 131.400. 007.205.000 années depuis la naissance de Brama. Wishnou, l'esprit destructeur, est le plus vénéré de leurs dieux ; il est célébre par ses incarnations au nombre de neuf ; la dernière qui arrivera dans 90.000 ans précédera la fin du monde.

Depuis la plus haute antiquité les Hindous sont divisés par leurs lois religieuses en quatre castes principales qui ont été déterminées par Brama lui-même : les *Brames* tirés de la tête de Brama, les *Xattryas* de ses bras, les *Vaïscias* de son ventre et les *Soudras* de ses pieds. Les Brames forment la classe sacerdotale ; les Xattryas l'armée ; les Vaïscias les agriculteurs et les marchands, enfin les Soudras les ouvriers et les serviteurs.

Au-dessous des Soudras il y a encore les Parias et au-dessous des Parias les Poulias qui n'ont pas le droit de regarder un Brame en face.

Les Parias sont cependant d'assez beaux hommes issus des mariages des membres de diverses castes. Ils ont la peau noire mais les traits réguliers ; ce sont pour la plupart des artisans et des manœuvres.

Les Hindous des castes supérieures sont généralement d'une couleur jaune cuivré ; dans les castes inférieures le teint a pris une couleur verdâtre chez certaines familles et d'un noir clair chez d'autres, mais à part cette coloration qui diffère de la nôtre, le visage des Hindous est celui de l'Européen.

Ils sont paisibles, apathiques même, superstitieux et charitables Leur religion, en élevant des barrières infranchissables entre leurs différentes castes, entre les riches et les pauvres, les puissants et les faibles, leur a ôté cette énergie et cet amour de liberté qui font les grands peuples. Aussi l'Hindou se courbe-t-il sans mot dire sous le rude joug de l'Angleterre. Cette maxime d'un de leurs livres peint bien leur caractère : « Il vaut mieux s'asseoir que marcher, être couché qu'assis, dormir que veiller, mais la mort est préférable à tout ! » Leur tempérance jointe à la chaleur terrible du climat qui émousse leurs sens les mettent à l'abr des passions. Ils n'ont que celle d'amasser de l'argent.

Les hommes sont nubiles à quatorze ans et les femmes à dix ou onze. Mais aussi les hommes sont vieux à 35 ans et les femmes à 25.

Un jour viendra peut-être où ce pauvre peuple réveillé comme en sursaut se lèvera tout entier pour reconquérir son indépendance !

Parmi les types les plus curieux de l'Inde qui abonde en figures originales et étranges il convient de citer les bayadères ainsi nommées du mot portugais balladeiras (danseuses). Les jeunes filles qui veulent être reçues dans la corporation des bayadères passent un examen sévère. Avant tout elles doivent être jolies et bien faites. On leur enseigne à lire, à écrire, à chanter, à jouer de divers instruments, à danser, tous les arts, en un mot, propres à les rendre séduisantes. Un costume très riche et d'un laisser-aller voluptueux augmente encore leurs grâces naturelles. Les dons qu'elles reçoivent pour prix de leur beauté sont considérés comme une offrande à la divinité. La vie fiévreuse et anormale que mènent ces malheureuses les a fanées à 20 ans ; alors les brames les renvoient et elles se marient ou bien restent au service des temples.

Les jongleurs indiens sont d'une force qui étonnerait nos plus habiles prestidigitateurs. Parmi leurs tours, le plus fameux est celui du *Manguier*. Un jongleur dépose dans la terre, aux yeux de tous les assistants, un noyau de mangue ; il se promène ensuite autour, en faisant d'horribles grimaces, comme pour évoquer quelque génie infernal ; au bout de quelques minutes vous voyez avec stupéfaction une tige sortir du sol, à l'endroit où le noyau a été enterré ; peu à peu cette tige grossit, grandit, croît à vue d'œil et devient un arbuste haut de quatre à cinq pieds ; ses branches s'étendent, ses feuilles s'ouvrent et bientôt le jongleur vous invite gracieusement à manger les fruits que cet arbre magique a produits. Un certain monsieur Brunet de Nantes a affirmé, il y a cinquante ans, avoir été témoin de ce tour merveilleux et son récit que nous acceptons bien entendu sous les plus expresses réserves a été reproduit par plusieurs de nos géographes.

Il y a dans l'Inde une coutume barbare qui a presque complètement disparu mais qui cependant se pratique encore quelquefois, c'est la « Suttie ». On appelle ainsi la cérémonie funèbre où les femmes hindoues se brûlent sur le cadavre de leurs maris. Cette coutume odieuse a inspiré, on s'en souvient, de charmantes pages à M. Jules Verne dans son « Tour du monde en 80 jours. »

Organisation, Divisions, Villes, Bourgs. — *Pondichéry*, avec ses faubourgs, *Villeneuve* à l'ouest et *Bahour* au sud, a aujourd'hui 133.000 habitants. La ville proprement dite en compte 40.000. En 1835 elle en comprenait 45.000, mais du temps de sa splendeur, sous le gouvernement de Dupleix, elle en avait plus de 150.000

Cette ville, capitale des possessions françaises dans l'Inde, bâtie sur un plan horizontal, ne paraît pas fort grande vue de la rade, et pour la connaître il faut parcourir ses rues. La structure élégante de ses édifices et des maisons particulières atteste encore de son ancienne richesse. Le quartier européen où l'on remarque de jolies constructions dont quelques-unes ont des façades d'architecture grecque avec des colonnades et des pérystiles en stuc d'une blancheur éblouissante se trouve à l'est, près du rivage ; la ville noire ou indienne se trouve à l'ouest ; elle se compose en grande partie de simples cabanes, de maisons à un étage avec pavillons, mais qui toutes ont leurs varangues, sortes de pérystiles couverts, et sont ombragées par de beaux arbres. Elle est beaucoup plus peuplée que la ville blanche ou européenne.

Il y a à Pondichéry un jardin botanique qui est l'un des plus importants de l'Inde et de très belles promenades. On y fabrique des guinées ou cotonnades bleues pour l'Afrique et des mousselines blanches ou à raies.

Pondichéry est le siège d'une cour d'appel.

A Pondichéry sont nés : le maréchal Lauriston et le cardinal de Beausset, membre de l'Académie française.

Karikal se trouve à 30 lieues au sud de Pondichéry. Son territoire qui n'a que deux lieues de longueur sur une de largeur compte 92.000 habitants. A Karikal l'on fabrique beaucoup de toiles dont les Européens font le commerce.

Yanaon (5.000 habitants) se trouve sur la rivière de Godavery, un peu au-dessus de la ville hindoue Ciringui qui est située à l'embouchure et à 750 kilomètres au nord de Pondichéry. Ses habitants comme ceux de Karikal se livrent à la fabrication de la toile. Le territoire qui entoure Yanaon est bien cultivé ; il y existe des plantations de riz et d'indigo. La salubrité du climat de Yanaon contribue à y attirer les Européens. Les Indiens de Yanaon ont de tout temps émigré pour la Réunion où l'on manque souvent de travailleurs noirs. Tout près de Yanaon, à 12 lieues à peine, se trouve la célèbre pagode de Jaggernaud dédiée à Jagat — Natha, le maître du monde, et sous le char duquel les Hindous fanatiques tiennent à honneur de se faire écraser.

Mahé, (8,000 habitants) est située sur la côte de Malabar, dans le royaume de Cartenate. Son territoire n'a que deux lieues de rayon. On y fait le commerce du poivre, de la cannelle et des bois de senteur.

Chandernagor, (22,000 habitants) est située sur la rive droite de l'Hougly, à 35 kil, au nord de Calcutta. En 1835 cette ville contenait 42,000 habitants. C'est le principal établissement français dans le Bengale ; mais il est malheureusement bien déchu de son ancienne splendeur. Enclavée au milieu des plus riches possessions anglaises la pauvre vieille cité française qui fut la rivale de Calcutta se soutient péniblement. Elle est cependant située dans une position très pittoresque, sur une colline qui domine le Gange ; ses rues tirées au cordeau sont bordées de maisons blanches et propres, mais son commerce est sans grande importance.

Commerce général. — Mouvement commercial de l'Inde française avec la France en 1882 et 1883.

IMPORTATIONS		EXPORTATIONS	
en 1882	en 1883	en 1882	en 1883
517.000ᶠ	519.000ᶠ	10.262.000ᶠ	9.917.000ᶠ

Le commerce des établissements français de l'Inde a lieu surtout avec la côte de Coromandel, Sumatra, l'île de la Réunion, l'île de France et le Sénégal. Les exportations consistent principalement en toiles bleues dites guinées qui sont très goûtées des noirs d'Afrique, en mouchoirs imitant les madras, en indigo, riz, coton, salpêtre, peaux de chèvres, cornes de buffles, sucre, drogueries, poivre, cannelle et opium.

La France y envoie du vin, des liqueurs, des faïences, des porcelaines, des tissus, de la mercerie, des meubles et de la papeterie.

L'Inde française nomme 1 député.

———

HISTOIRE. — La première expédition maritime des Français pour les Indes eut lieu sous le règne de François Ier ; elle était conduite par un intrépide marin du Havre, nommé Gonneville ; mais une violente tempête qui assaillit son unique navire, au cap de Bonne-Espérance, l'obligea à rebrousser chemin sans avoir pu accomplir sa mission. Une autre expédition tentée en 1601 ne fut pas plus heureuse. Les navires échouèrent aux Maldives et ne reparurent que longtemps après. Henri IV avait vainement essayé, en

1604, d'organiser une compagnie des Indes Orientales; il se heurta à des difficultés qui lui firent abandonner son projet. En 1611 deux navires français parvinrent aux Indes mais retirèrent peu de fruits de leur voyage. Les Hollandais qui rivalisaient avec la Nouvelle Compagnie créée par Louis XIII nous suscitèrent mille obstacles Cependant cette compagnie tenta un effort en 1619 et envoya aux Indes trois navires sous le commandement de Beaulieu. Cette expédition échoua et la Compagnie fut ruinée. Depuis cette époque diverses tentatives furent faites pour fonder des établissements français dans l'Inde.

Le capitaine Réginon envoyé par les marchands de Dieppe visita le golfe du Bengale, toucha la presqu'île du Dekkan et fit à son retour en 1633, le plus magnifique éloge des contrées qu'il avait aperçues. Le cardinal de Richelieu fonda en 1641 une nouvelle Compagnie des Indes. Enfin Colbert concéda à cette Compagnie reconstituée sous ses auspices le monopole du commerce de l'Inde pendant cinquante ans.

Cependant ce ne fut qu'en 1668 que sous la conduite d'un nommé Caron qui avait vécu dans le pays, les Français prirent pied dans l'Inde. Caron parti de France avec plusieurs navires débarqua à Surate puis à Trinquemalé qu'il enleva aux Hollandais mais que ceux-ci reprirent bientôt après et enfin à Saint-Thomé dont il s'empara de vive force et où il se maintint pendant plusieurs années.

En 1678 les Hollandais aidés des Hindous nous chassèrent de ce premier établissement. C'est alors que Caron revint en France après y avoir laissé une soixantaine d'hommes et laissé l'argent de la Compagnie à un nommé François Martin, homme actif et courageux qui vint s'établir à Pondichéry. Celui-ci, grâce à son industrie, à son énergie et à son courage, fit bientôt prospérer les affaires de la Compagnie. Il acheta la ville et le territoire de Pondichéry, et obtint du Rajah de Karnate l'autorisation de défendre ses établissements par des fortifications, se fit des alliés des Hindous et jeta ainsi les bases d'une florissante colonie. Il se prenait même à espérer de nouveaux succès quand les Hollandais jaloux de sa prospérité naissante vinrent l'attaquer. Après une énergique défense, Martin fut obligé de rendre Pondichéry et les Hollandais s'empressèrent d'en achever les ouvrages défensifs. Mais nos ennemis ne profitèrent pas longtemps de leur victoire, car, à la paix de Riswick, en 1697, Pondichéry nous fut rendue et en meilleur état que nous ne l'avions laissée. Martin fut réintégré dans son commandement.

Les bénéfices de la Compagnie s'accrurent beaucoup sous l'administration de Dumas, qui succéda à Martin en 1736. Le nouveau gouverneur avait en effet obtenu du grand Mogol, Mahomet Schah, le privilège de battre monnaie. Il sut par sa conduite ferme, loyale et prudente s'attirer l'amitié des princes indiens qui le comblèrent de présents, lui firent don de grands territoires et l'élevèrent même à la dignité de Nabab. Rien n'était donc plus légitime que nos colonies dans l'Inde. Les territoires que nous y possédions avaient été achetés ou étaient la récompense de la probité et de la sagesse des administrateurs de la Compagnie des Indes. La prospérité de nos établissements était le fruit de leurs patients efforts. Et ce sont précisément ces belles colonies que nous avons perdues ! On ne saurait jamais trop flétrir l'impéritie coupable de l'ancienne monarchie qui les abandonna sans défense à la haine jalouse de l'Angleterre !

Mais nos établissements allaient atteindre l'apogée de leur prospérité avec Dupleix et Mahé de la Bourdonnais. Dupleix était gouverneur de Chandernagor où il avait tout créé lorsque la guerre éclata en 1744 entre la France et l'Angleterre. La Bourdonnais, qui commandait à l'Ile de France, arma cinq navires et fit voile pour l'Inde afin de secourir Dupleix. Il dispersa la flotte anglaise sur les côtes de Coromandel, assiégea Madras et la prit. Mais animé par l'orgueil et la jalousie, Dupleix cassa la capitulation, entra lui-même à

Madras et la livra au pillage. La Bourdonnais fut obligé de rentrer en France où pour toute récompense on l'enferma à la Bastille. Les Anglais débarrassés de ce redoutable ennemi devinrent plus hardis et l'amiral Boscawen avec une flotte de 13 vaisseaux de guerre et un grand nombre de transports portant près de 5,000 hommes de troupes, vint assiéger Pondichéry. Dupleix se défendit courageusement et força la flotte anglaise à se retirer après 42 jours de siège. La paix d'Aix-la-Chapelle en 1748 fit cesser les hostilités. Dupleix profita de ce répit pour étendre notre domination dans l'Inde. Malheureusement la guerre recommença avec l'Angleterre qui s'empara successivement de tous nos comptoirs. Dupleix fut rappelé en France et remplacé par Lally Tollendal qui arriva à Pondichéry en 1757 avec l'amiral Aché. Il réussit d'abord à repousser les Anglais, mais assiégé bientôt dans Pondichéry il dut capituler le 15 janvier 1761. Lally accusé de trahison, fut condamné à mort et décapité.

En 1763 Pondichéry nous fut rendue. Ses anciens habitants y rentrèrent et elle commençait à reprendre sa prospérité lorsque la guerre éclata de nouveau entre la France et l'Angleterre en 1778 et tous nos établissements tombèrent une seconde fois aux mains des Anglais. Cependant les glorieuses victoires du bailli de Suffren et du marquis de Bussi dans la mer des Indes, les succès de notre allié, Haïder-Ali, prince des Marrates et de son héroïque fils Tippoo-Saeb nous les firent recouvrer, il était même permis d'espérer, à cette époque, que nous allions étendre nos possessions dans l'Inde d'une façon notable et en chasser les Anglais, lorsque survint la paix de 1783 qui mit fin aux hostilités.

Pendant la révolution, en 1793, les Anglais au nombre de 23,000 hommes vinrent mettre le siège devant Pondichéry à peine défendue par 1,500 soldats, et cette ville tomba en leur pouvoir après 41 jours de tranchée ouverte. Débarrassés des Français les Anglais se tournèrent contre Tippoo-Saeb et après des chances diverses l'assiégèrent dans sa capitale, Séringapatam, où il fut tué sur la brèche. Ainsi finit le royaume des Marattes

Aujourd'hui son domaine de Mysore est une possession anglaise. On y voit son tombeau monumental.

Pendant les guerres de la Révolution et de l'Empire le pavillon tricolore porté par Surcouf et Linois flotta plus d'une fois dans la mer des Indes, mais nos établissements de Poudichéry, de Karikal, de Mahé, de Chandernagor et de Yanaon considérablement diminués et déchus de leur ancienne grandeur ne nous furent rendus qu'en 1814.

Ces comptoirs disséminés sur les côtes de l'Hindoustan ne sont pas à proprement parler des colonies. Mais ils nous sont utiles comme points de relâche pour nos navires et comme pied à terre dans un pays où nous avons été si puissants et où les Français sont aimés des Indiens autant que les Anglais en sont détestés. D'ailleurs ces établissements ne grèvent en aucune façon le budget de la métropole.

COCHINCHINE FRANÇAISE

GÉOGRAPHIE. — Situation géographique, Superficie, Population. — La Cochinchine française dont la superficie est de 59.456. (1) kilomètres carrés, soit 1/10ᵉ de celui de la France, présente la forme d'un quadrilatère irrégulier limité au nord par le Cambodge, les territoires des Moïs, peuples à demi sauvages et l'Annam, au sud-est par la mer de

---

(1) Le traité du 25 Août 1883 confirmé par celui du 1ᵉʳ Janvier 1884 nous a annexé la province orientale de Binh Thuan qui à 12000 kilomètres carrés et une population de 85000 Chams et Annamites. La superficie totale de la Cochinchine Française est donc actuellement de 72000 kilomètres carrés environ et sa population de 1.700.000 habitants. La province de Binh Thuan fait un grand commerce de sel de bois et de riz. C'est dans les montagnes explorées par le docteur Néïs et le lieutenant Gauthier que le Donnaï prend sa source. Ce fleuve est pour nous un nouveau débouché vers le Laos.

Chine et à l'ouest par le golfe de Siam. Elle est située entre 8° (pointe de Camao) et 11° 30' de latitude Nord et entre 102° 5' 55" (Hatien) et 105° 5' 55" de longitude orientale. Sa plus grande longueur du nord-ouest au sud ouest est de 385 kilomètres et sa plus grande largeur de l'ouest à l'est de 330 kilomètres.

Elle est peuplée d'environ 1.596.000 habitants (recensement de 1881) se décomposant comme suit :

Français	1.862
Etrangers Européens	65
Annamites	1.431.142
Cambodgiens	101.837
Moïs	6.343
Chams	297
Chinois	49.922
Malabares	490
Malais	4.463
Tagals	22
Divers	13
	1.596.456 h.

Côtes. Iles. Nature du Sol. — Les côtes qui mesurent environ 110 lieues sont découpées par les embouchures du Mékong et du Donnaï. Plusieurs îles forment comme une ceinture autour de la Cochinchine. Parmi les plus importantes se trouvent *Phu Quoc* qui a à peu près la superficie de la Martinique et l'île de *Poulocondore* située en face des bouches du Cambodge ou Mékong, à 180 kilomètres du cap Saint-Jacques (2) et qui constitue une relâche importante. Cette île sert de pénitencier à la Colonie ; elle a 6.000 hectares de superficie, 8 lieues de longueur sur 2 lieues de largeur et renferme du granit ainsi que des vallées assez fertiles.

(2) Le phare de la pointe Saint-Jacques a été inauguré le 15 août 1862. Il a 8 mètres de hauteur et s'élève sur une montagne qui a 139 mètres d'altitude. Son feu est fixe et visible a plus de 3o milles en mer.

Le sol de la Cochinchine de formation récente est naturellement bas. De vastes rizières, des forêts de palétuviers de 1 à 2 mètres de hauteur et d'immenses plaines d'herbes et de joncs frappent tout d'abord la vue. Les hautes terres ne commencent que vers Saïgon. Là, grâce aux limons que le Mékong charrie de l'intérieur, la terre gagne chaque jour sur la mer qui autrefois la recouvrait tout entière. Les bancs de corail que l'on rencontre à chaque pas dans le pays mettent hors de doute que la Cochinchine française ne formait autrefois qu'un golfe, car l'on sait que les madrépores ne vivent qu'à des profondeurs d'eau relativement grandes.

Les plages de Baria, près du cap Saint-Jacques, fournissent de beaux sels blancs. Les salines de Baria donnent annuellement 15 millions de kilogrammes de sel à 15 francs la Tonne et celle de Ba Xuyen, 7 à 8 millions de kilogrammes à 1 fr.20 les 60 kilogrammes, ce qui représente un commerce de près de 400,000 francs par an.

Montagnes. — Comme nous venons de le dire, la Cochinchine étant un pays plat ne renferme pas de montagnes proprement dites, si ce n'est dans la nouvelle Province de Binh-Thuaun, dans le pays des Chams, où se prolonge la chaîne des monts *Deo-Ngang* qui traverse l'Annam.

Fleuves. Rivières. Cours d'eau. — En revanche elle est sillonnée de toutes parts par des canaux naturels ou arroyos, par le *Mékong* ou *Cambodge*, le *Vaïco* et le *Donnaï*. Le Mékong se divise en deux bras principaux, le fleuve antérieur et le fleuve postérieur qui se jettent à la mer, le premier par six bouches : *Cualien, Cuadaï, Cua-ha-laï, Cua-ham-long, Cua-cochien* et *Cua-coung-haou* ; le second, par trois : *Cua-Din-an, Cua-batthac* et *Cua-Tran-de*.

Productions naturelles, Cultures. — La Cochinchine est très riche en végétaux de toutes espèces. Elle doit cette richesse à la grande quantité d'eau qui arrose son sol et aux dépôts de limons fécondants qui y font ses grands fleuves. On y trouve parmi les végétaux alimentaires : le riz, le maïs, l'igname, le millet, la patate, l'ananas, l'arbre à thé, le palmier, le bananier, le melon. la canne à sucre, la pastèque, la tomate, le manioc, l'aubergine, le haricot, le poivre, la muscade, la giroffe, la cannelle, le cocotier, le grenadier, le citronnier, le manguier, l'oranger, le caféier, le cacao..... ; parmi les plantes industrielles : le tabac, le mûrier, le bétel, l'arékier, le chanvre, le coton, le rocouyer, l'arrowroot, l'ortie de chine, l'indigo, l'arbre à gomme laque; parmi les végétaux pharmaceutiques : l'aloès. le gingembre, le ricin, le salsepareille, la gentiane.....

Dans la zone des montagnes du Laos et des Moïs s'étendent de vastes forêts vierges où les plantes de l'himalaya. de la Chine et du Japon se mèlent aux espèces d'Indo-Chine. Là, croissent le tek, le bois de fer, l'arbre à vernis, le bois d'aigle qui exhale en brûlant un parfum délicieux, des bois propres à la !einture et à la construction. L'exploitation des bois en 1881 représente une valeur de 800.000 fr. 00. La culture du riz qui est la plus répandue donne annuellement 800.000 tonneaux qui représentent une valeur de plus de cent millions de francs. Il est cultivé sur 550.000 hectares ; La canne à sucre sur 4.335 hectares ; le poivre sur 186 hectares ; les cocotiers et les arékiers sur 52.221 hectares ; le bétel sur 4300 hectares et le mûrier sur 2000 hectares.

Animaux. — La faune de la Cochinchine est très variée. Parmi les animaux vivant à l'état sauvage on rencontre : le singe qui pullule, la loutre, le chien, le chacal, le tigre, la panthère, le léopard, le chat-tigre, le sanglier, des rats destructeurs, des serpents, des caïmans, des rhinocéros et des éléphants, ces deux dernières espèces dans les provinces de Baria et de Bien-Hoa, le chevreuil, le cerf. Parmi les animaux domestiques : le cheval originaire du Cambodge et de la province de Binh-thuan, le bœuf genre zèbre, des buffles d'un gris de souris, des porcs, des volailles etc.....

Minéraux. — On n'a pas trouvé dans la Cochinchine française de gisements renfermant des substances métalliques.

Climat. — Il y a en Cochinchine deux saisons : la saison sèche, du mois d'Octobre au mois d'Avril et la saison des pluies du mois d'Avril au mois d'Octobre. La température pendant la première saison varie entre 35° et 17° et pendant la seconde entre 20° et 30°.

A la fois chaud et humide le climat de la Cochinchine est assez dangereux. Les affections cutanées y compris la lèpre, les ulcères et les maladies d'entrailles y dominent. La diarrhée de Cochinchine est attribuée à l'absorption de l'anguillula stercoralis, qui provient des eaux douces et qui se développe par centaines de mille dans le corps humain. Mais, grâce à l'assainissement du pays et à l'hygiène que l'on sait devoir suivre, la mortalité va sans cesse en décroissant.

Religion. Mœurs et Coutumes des habitants. — Les Annamites qui forment la grande majorité de la population de la Cochinchine ressemblent beaucoup aux chinois. Certains auteurs disent qu'ils appartiennent à la race japonaise, d'autres à la race malaise. A l'inverse du Cambodgien qui est fortement musclé, l'annamite est petit et d'apparence assez chétive. Il a le visage large et plat, la paupière légèrement oblique, le teint d'un jaune qui va du blanc sale au chocolat. La barbe vient tard, à 30 ans environ, au-dessus des lèvres et au menton seulement. Il vieillit vite et est décrépit à 50 ans. Les hommes et les femmes portent les cheveux longs qu'ils nouent sur le sommet de la tête. Il est assez difficile de distinguer à première vue les hommes des femmes, les deux sexes ayant les cheveux arrangés de la même façon, les

pieds nus et les vêtements presque semblables. Leur
habillement se compose d'un large pantalon noué à
la ceinture, et d'une robe ou tunique flottante dont
les manches sont serrées aux poignets. Les hommes
portent un turban de crêpe noir ou bleu ou en coton.
Leur chapeau finement tressé a la forme d'un entonnoir renversé. Les gens du peuple ont des chapeaux en
feuilles de palmier très flexibles, ils s'en servent pour
toutes sortes d'usages, pour s'éventer, puiser de
l'eau et porter leurs provisions. Tous portent des pa-
rasols de fabrication européenne, emblème qui jusqu'à notre arrivée était réservé aux seuls dignitaires.

Les mandarins d'une classe élevée se distinguent de
la foule par des coiffures en gaze noire ornées de
brillants et par leurs robes en soie épaisse sur les
quelles sont brodés le dragon, le tigre ou l'oiseau
royal. Ils portent en outre une large ceinture de laque
rouge enrichie de pierreries, des bottes chinoises et
tiennent à la main une règle d'ivoire.

Les femmes annamites mettent des pantalons un
peu plus longs, portent des boucles d'oreilles et sont
généralement tête nue. Leur coiffure consiste dans un
chapeau plat qui a la forme d'une pierre meulière
d'environ 0 mètre 60 de diamètre et qui est muni
d'une longue bride qui pend jusqu'à terre. Elles se
coiffent aussi parfois d'un chapeau convexe fait de ro-
tin et de papier verni. Passionnée pour les bijoux la
femme annamite, quand elle le peut, porte de larges
bracelets d'or ou d'ambre.

Les mariages se font par l'entremise de personnes
fondées de pouvoir. Ce sont de véritables agences
matrimoniales. Généralement la femme n'apporte pas de
dot et c'est le mari qui lui offre des présents et fait
tous les frais de la cérémonie qui consiste tout simplement à s'offrir réciproquement du bétel ou de l'a-
rec et à le mâcher ensemble.

L'annamite vit en famille, respecte ses parents et
n'entreprend rien sans consulter sa femme qui élève
ses enfants avec le plus grand soin.

Un proverbe annamite dit : « la nature est généreuse, il faut l'imiter. » Il aime le sol natal avec passion et quoique d'un tempérament peu belliqueux, sait, pour le défendre, mourir avec beaucoup de courage.

La religion des Annamites est le Boudhisme. Ils adorent les forces de la nature et croient à l'intervention des Génies et des Ancêtres dans les affaires de ce monde ; aussi ont-ils un culte prononcé pour les morts.

Leur dialecte est le pur « mandarin. »

Le plus grand amusement des annamites est le théâtre. Leurs pièces sont presque toujours des tragi-comédies ou des morceaux chantés coupés de longs monologues. Les rôles de femme sont remplis par des hommes.

Organisation. Divisions. Villes. Bourgs. — La Cochinchine française est administrée par un Gouverneur civil assisté d'un conseil privé analogue aux conseils de Préfecture de France. Il commande aux forces de terre et de mer

Elle est divisée en 4 circonscriptions. La première celle de Saïgon, comprend : *Saïgon, Tayninh, Thudaumot, Bien Hoa* et *Baria* ;

La deuxième, celle de Mytho, comprend : *Mytho, Tan-an, Gocong* et *Cholon* ;

La troisième, celle de Vinh-long, comprend ; *Vinhlong, Bentré, Travinh* et *Sadec,*

La quatrième, celle de Bassac, comprend : *Chaudoc Hatien, Long-Xuyen, Rach-gia, Traon* et *Soctrang.*

Ces quatre circonscriptions se subdivisent en 21 arrondissements à la tête desquels sont des administrateurs placés eux mêmes sous les ordres du Directeur de l'Intérieur. A la fin de 1882 les conseils d'arrondissements ont été institués. Chaque arrondissement est divisé en cantons et communes au nombre de 2406.

Les principales villes de la Chochinchine sont: *Saïgon,* port franc depuis le 23 février 1860 ; *Bien Hoa,* Poste militaire, *Mytho, Vinhlong, Chaudoc, Sadec* et

Cholon, ports fluviaux ; *Hatien*, *Rach-gia Camao* ou *Camau* et *Cangio*, ports maritimes.

Saïgon. est située à 100 kilomètres de la mer. Peuplée de 70.000 habitants environ cette ville, qui est la capitale de nos possessions en Cochinchine est aussi le principal centre de population que l'on rencontre en Indo-Chine de Bangkok à Hanoï. Elle ne se trouve pas sur un bras du Mékong, mais, grâce à la profondeur de son chenal, elle est devenue le port le plus important de ce grand fleuve. Elle n'est unie au courant de la vallée don telle dessert tout le commerce que par les branches d'un Delta secondaire.

Le port de Saïgon possède un dock flottant de 91 mètres de longeur mis à l'eau en juillet 1866. Il devait être muni d'un second bassin construit au Creusot, mais ce deuxième dock a été malheureusement coulé en 1881 dans la rivière. Cette perte va être réparée, si elle ne l'est déjà, par la construction d'un bassin de radoub. Depuis 1859, date de l'occupation française, Saïgon a pris dans quelques quartiers, notamment autour de l'élégant palais du gouvernement, une physionomie européenne. Elle possède un vaste arsenal très bien fourni et une citadelle qui a été construite par des officiers français en 1799 pour le roi d'Annam, Gialong.

Il y a à Saïgon une Cour d'appel, un Tribunal de première instance et un Tribunal criminel. Depuis 1865 Saïgon est dotée d'un Conseil municipal qui comprend deux conseillers indigènes et un Asiatique nommés au choix du gouvernement.

Le budget de la ville est de 450.000 fr. 00.

Saïgon est reliée par des câbles sous-marins aux villes de Hong-Kong et de Singapour et par suite à l'Europe par les Indes et la Sibérie.

On remarque à Saïgon parmi les édifices : l'arsenal qui occupe une superficie de 22 hectares, et qui occupe 600 ouvriers annamites et chinois ; la citadelle, l'évêché, le palais du gouvernement, belle construction qui a 80 mètres de façade, la pagode Barber, la cathédrale encore en construction et qui achevée coûtera 2.600.000 fr. 00.

Parmi les rues citons : les rues Catinat, de Chasseloup-Laubat, Charner, de la Citadelle, d'Espagne, le boulevard Norodon, la rue de la Grandière.

Le principal trafic de Saïgon est avec Singapour. Le commerce de détail se fait en grande partie dans l'agglomération de Cholon, grand marché chinois de 50,000 habitants situé à 5 kilomètres au sud ouest,sur les bords de l'arroyo chinois ou Viam-ben-ghé. De nouveaux canaux creusés de Saïgon et de Cholon an Mékong par le Vaïco permettront aux négociants de recevoir directement du Cambodge et de la Haute-Cochinchine le riz qui est une des principales richesses de ces régions. Le commerce maritime avec le Cambodge a lieu entre la ville cambodgienne de Campot et les ports français de Hatiens et de Bach-gia.

Mouvement commercial du Port de Saïgon en 1877, 1880 et 1882.

IMPORTATIONS ET EXPORTATIONS RÉUNIES		EXPORTATIONS EN 1882	
1877	1880	pour l'étranger	pour la France
122.234.000f	155.105.000f	52.428.080f16	1.436.532f

Pendant l'année 1881, 358 vapeurs sont entrés à Saïgon dont 184 anglais et 95 français. Le mouvement commercial du port de 1870 à 1881 a été en moyenne de 443 navires à l'entrée et de 449 à la sortie avec 315.876 tonnes à l'entrée et 317.982 tonnes à la sortie.

Bien-Hoa, ville et forteresse au nord-est de Saïgon, est dans une situation qui défend les possessions françaises du côté des montagnes. Dans son voisinage se trouvent des carrières qui fournissent des pierres de construction pour Saïgon et des cailloux pour l'entretien des routes.

Chaudoc est en communication directe avec la mer de Siam par un canal de navigation qui va rejoindre Hatien. Ce canal qui est bordé de poivriers surtout son parcours ne peut être malheureusement utilisé que par des navires de faibles dimensions.

Mytho, (15.000 habitants dont 4.000 catholiques) est située dans le delta du Mékong, sur le fleuve antérieur. Cette ville a le double avantage de se trouver sur les bords d'un grand fleuve et de pouvoir communiquer avec Saïgon et le delta du Donnaï par l'arroyo de la Poste canalisé en 1755 et 1829 et dont les bords sont très pittoresques. C'est à Mytho que se font les échanges entre le Mékong et Saïgon dont elle est le véritable port fluvial.

Mytho comme toutes les villes de ces contrées possède deux quartiers distincts : celui de la citadelle autour de laquelle se sont groupés les européens et celui des indigènes et des chinois devant lequel mouillent les jonques. Un peu avant d'arriver à Mytho on remarque l'emplacement du fort Bourdais; c'est là que le commandant Bourdais; capitaine de frégate, fut tué par un boulet annamite. Son corps est enterré dans la cour d'honneur de la citadelle de Mytho.

Commerce général. — Les importations comprennent surtout les métaux, le thé de la Chine, les vins et spiritueux de France, la chaux du Cambodge, le papier, l'opium, le tabac. les tissus anglais, les sucres raffinés, les porcelaines, les faïences, les huiles, les farines.

Les exportations portent principalement sur le riz, le poisson sec ou salé, les peaux, l'indigo, les plumes, la cire, le miel, l'ivoire, les bois de teinture et de construction.

Mouvement général du Commerce de la Cochinchine avec la France en 1882-1883.

IMPORTATIONS		EXPORTATIONS	
en 1882	en 1883	en 1882	en 1883
5.247.000	7.157.000	3.191.000	2.738.000

Instruction publique, Justice, Budget. L'instruction publique est donnée en Cochinchine par 412 maîtres à 13.246 garçons et 1112 filles. Elle se développe rapidement.

Les tribunaux français fonctionnent régulièrement dans toutes les provinces.

Le budget de la colonie est en moyenne de 20.000.000 de francs couvert par des contributions locales. De plus la colonie paie à la métropole une indemnité annuelle de 2.200.000 francs, de sorte qu'enfin de compte elle ne lui coûte rien.

Les grands travaux qu'on a décidé d'y exécuter ne feront qu'accroître la prospérité de cette colonie qui est appelée au plus bel avenir. Ces travaux consistent : 1° dans la création d'un canal de communication entre le Vaïco et Cua-Thien ; 2° dans l'élargissement et l'approfondissement à grande section du canal de Chaudoc à Hatien ; 3° dans la construction du chemin de fer de Saïgon au Laos destiné à unir Saïgon à la capitale du Cambodge, Pnompenh, en passant par Cholon, Tanah, Mytho, Vinhlong, Sadec, Long Xuyen et Chandoc.

La Cochinchine envoie un représentant à la Chambre des députés.

HISTOIRE. — Du temps de Colbert nous avions déjà des relations commerciales avec l'Indo-Chine. Ces relations devinrent très amicales sous le règne de Gia-Long, l'un des meilleurs souverains qu'ait eus l'Annam. Un missionnaire, l'évêque d'Adran, Mr Pineau de Béhaine, homme de cœur et d'énergie, très français, signa avec ce souverain, en 1787, un traité qui nous donnait le port de Tourane et l'archipel de Poulo-Condore. En même temps nous faisions alliance offensive et défensive avec lui et mettions à sa disposition, pour l'aider à maintenir sa puissance et à organiser son armée des officiers français. Ce sont ces français dont les noms ont été heureusement conservés : Dayot, Chaigneau, Vannier, Ollivier, de Forsans, qui construisirent, d'après la méthode de Vauban, toutes les citadelles de l'Annam, de la Basse-Cochinchine et du Tonkin.

Mais à la mort de Gia-Long les persécutions commencèrent contre les européens et se continuèrent longtemps sans qu'on songeât ou qu'on put en tirer vengeance.

Ce ne fut qu'en 1858 que l'amiral Rigault de Genouilly parut dans ces parages avec une escadre. Il occupa Tourane le 31 août 1858 et s'empara de Saïgon le 17 février 1859.

La conquête de la Cochinchine fut abandonnée momentanément pendant les guerres d'Italie et de Chine, mais elle fut reprise avec vigueur dès l'année 1861. L'amiral Page s'empara de Mytho le 12 avril 1861 ; Bien-Hoa et Vinh-Long furent prises par l'amiral Bonard les 9 décembre 1861 et 22 mars 1862. La province de Vinh-Long avait été rendue aux annamites le 24 mai 1863 par suite du traité conclu à Saïgon, le 5 juin 1862, mais l'amiral de la Grandière, à la suite de nouvelles difficultés, survenues avec le royaume d'Annam, la reprit sans coup férir et l'occupa définitivement, le 20 juin 1867, ainsi que les deux autres provinces de l'Ouest : Chaudoc le 22 juin et Hatien le 24 juin ; elles furent réunies au territoire français le

15 août 1867. Les traités nouvellement conclus avec la cour d'Annam ont étendu nos possessions, à l'Est, jusqu'à la baie de Padarang, dans l'ancien royaume de Ciampa.

LE CAMBODGE

GÉOGRAPHIE. — Situation géographique, Superficie, Population. — Le Cambodge placé sous notre protectorat depuis 1863 est compris entre le golfe de Siam à l'ouest, le royaume de Siam au nord, l'Annam à l'est et la Cochinchine française au sud. Sa superficie est de 83,761 kilomètres carrés et sa population de 1.000.000 d'habitants comprend 500.000 cambodgiens issus d'un mélange d'indiens et de malais et 20,000 cochinchinois ; le reste se compose de malais et de chinois immigrants.

Montagnes. — Dans la partie occidentale du Cambodge se trouve la chaîne des monts *Pursat* dont les crêtes, qui finissent vers Kampot et Chaudoc, ont des sommets de près de 1000 mètres d'élévation.

Fleuves, Rivières, Cours d'eau, Grand lac de Tenli-sâp. — Le Cambodge est une plaine fertile traversée du nord au sud par le *Cambodge* ou *Mékong*, fleuve qui prend sa source dans les montagnes du Yunam, dans l'empire Chinois. Ce grand fleuve se divise en deux bras principaux : le fleuve antérieur ou *Tien-giang* et le fleuve postérieur ou *Han-giang* qui forment le delta de la Basse-Cochinchine. Au Nord se trouve le grand lac de *Tenli-sâp* formé par un des affluents du Mékong. Ce lac se divise en trois parties : l'embouchure des lacs ou *Véal-poc* qui a 10 kilomètres de longueur sur 10 kilomètres de largeur ; *le petit lac* qui a 30 kilomètres de longueur sur 10 de largeur ; et le *grand lac* qui à 70 kilomètres de longueur sur 30 de largeur.

Au sortir du lac pour entrer dans le fleuve les eaux forment un vaste entonnoir où l'on prend d'énormes quantités de poissons de toutes sortes. C'est en février et en mars, quand le niveau de l'eau est descendu à 1 mètre.que cette pêche est la plus active. Saïgon exporte chaque année pour plus de 1.200.000 frrancs des poissons préparés sur les bords même de ce lac. Les barques annamites munies de permis délivrés par les autorités françaises ne paient aucun droit pour cette pêche. En 1884 on a exporté du Cambodge pour 5.953.396 fr. 50 de poissons secs et salés.

Productions naturelles, Cultures, Animaux. — On cultive au Cambodge le coton, le riz, le tabac, la soie, l'indigo, la canne à sucre ; mais l'industrie y est peu développée.

L'intérieur est couvert de forêts impénétrables, repaires des tigres et des autres animaux sauvages qui peuplent la Basse-Cochinchine.

Climat. — Le climat du Cambodge est à peu près le même que celui de la Basse-Cochinchine mais plus salubre et moins humide.

Mœurs et Coutumes des habitants, Religion. — Les Cambodgiens nous sont plus sympathiques que les Annamites. Comme les Siamois ils sont remarquables par la petitesse de leur crâne. Le profil du visage est généralement bien dessiné ; le nez et les lèvres sont minces, le front large ; le regard est ferme et a quelque chose d'impérieux qu'on ne trouve pas chez les annamites. Ils sont paresseux, indolents, mais ils ont plus de franchise et plus de bravoure que les premiers. Quoique vivant en majorité dans un état misérable ils observent les règles de la propreté, ont soin de leurs personnes et ne manquent pas d'une certaine fierté ! Ils parlent encore avec orgueil de l'ancienne grandeur de leur pays qu'ils appellent : « Maha-Nocor-Khurer. » Ils sont fidèles à leurs traditions et sont unis entre eux.

Quoique leur religion leur prescrive de ne tuer les animaux que le moins possible ils sont passionnés pour la chasse et n'hésitent pas à attaquer le tigre, le rhinocéros et le caïman.

Ils aiment la musique et leurs chants ne manquent pas d'harmonie. Ils jouent d'instruments à cordes très curieux qui rendent sous leurs doigts habiles des sons très agréables.

Les Cambodgiens ont le culte des morts très prononcé. Ils conservent quelque temps les cadavres des leurs à l'aide de la chaux et du mercure, puis ils les brûlent en grande cérémonie; comme les Romains qui mettaient une pièce de monnaie dans la bouche de leurs morts afin qu'ils pussent payer leur passage sur le Styx au funèbre nocher Caron, ils ont soin d'introduire entre les lèvres du mort une pièce d'argent destinée à remunérer les serviteurs de la bonzerie où le corps doit être brûlé : •

Leur religion est le Boudhisme. Ils admettent ce qui rappelle « le lendemain de la mort » de Monsieur Figuier, une série de Cieux inférieurs habités par les anges (Tiwadas). Au-dessus de ces Cieux il y a neuf autres séjours, les borômes, dont les bienheureux habitants ont des corps. Enfin il y a quatre cieux supérieurs peuplés d'esprits qui ont encore des formes matérielles mais transparentes, lumineuses et rayonnantes. Dans les cieux inférieurs on se repaît de jouissances matérielles et de plaisirs sensuels ; mais, à mesure qu'elle s'élève dans les régions supérieures, la créature ne goûte plus que des jouissances morales de plus en plus vives jusqu'au dernier Ciel où elle jouit d'une suprême et éternelle félicité.

Ils croient aussi à l'enfer qu'ils placent à 150.000 kilomètres sous terre et qui se subdivise en huit enfers où les souffrances sont de différentes natures et plus ou moins vives. Le Noroc-avichen, où descendent les ivrognes et les adultères, est le plus terrible. Mais on peut racheter l'âme des siens, ou du moins adoucir leurs tourments, par des prières et des aumônes faites aux bonzes. Ces religieux se font raser la tête et épiler la barbe deux fois par mois. Leur vêtement consiste dans une pièce d'étoffe jaune dont ils s'entourent les reins, dans une robe de même couleur et dans un manteau qu'ils portent plié sur l'épaule. Boudha, fondateur de leur ordre, voulait que leur robe fût faite de morceaux rapiécés et de couleur jaune, parce que cette couleur était celle de la classe la plus vile et la plus misérable dans l'Inde, à l'époque où il vivait.

Les bonzes sont nourris et entretenus par le peuple. Comme nos moines mendiants, ils vont de porte en porte quêter leur nourriture journalière. Ils ne doivent rien manger depuis midi jusqu'au lendemain matin. Il leur est défendu de regarder ou de toucher une femme, fût-ce leur mère, et alors même qu'elle se trouverait en danger de mort.

Des surveillants appelés « Sorang-Sangs » sont chargés de les observer et de signaler au Mandarin, chef de la justice, les bonzes qui viendraient à violer les sévères règlements de leur ordre.

Le costume des cambodgiens se compose d'un langouti et d'une écharpe ou d'une veste à boutons de métal. Les riches se coupent les cheveux en brosse comme les Siamois. Les femmes suspendent à leurs oreilles des morceaux de bois ou d'ivoire et, quand elles le peuvent, des boucles d'or et d'argent.

La langue Cambodgienne diffère totalement de celles des annamites et des chinois. Elle ne se chante pas comme l'annamite et le Siamois ; elle n'a pas de tons, mais beaucoup d'accents ; elle n'a ni articles, ni déclinaisons, ni singulier, ni pluriel, ni genres, ni nombres. Le passé et le futur se forment par l'addition de particules. L'alphabet se compose de 24 caractères primitifs et de 33 lettres qui se modifient suivant l'usage que l'on veut en faire. On écrit de gauche à droite.

Organisation. Divisions. Villes. Bourgs. — Le Cambodge comprend trente provinces orientales, vingt-deux occidentales, trois provinces proprement dites et les îles.

Les principales sont :
Sroc-Tran chef-lieu *Oudong* ;
Pursat chef-lieu *Pursat* ;
Compong-Soai chef-lieu *Compong-Thom* ;
Tenli-Thom chef-lieu *Chelong* ;
Bap-Phnom chef-lieu *Bap Phuom* ;
Thbong-Kusum chef-lieu *Thbong-Kusum.*

Ces provinces sont divisées en districts. Il y a dans chaque province un gouverneur, dans chaque district un chef de district, puis des chefs-lieux de Canton et des maires assistés des notables.

Le 15 février 1877, sur les conseils de l'administration française, le roi Norodon a réformé les lois de son royaume. Les principales réformes ont consisté :

1º Dans la suppression des pouvoirs arbitraires accordés aux princes qui ne doivent plus avoir qu'un titre purement honorifique.

2º Dans la création d'un Conseil de Gouvernement composé de cinq des plus grands mandarins chargés de la surveillance, de l'exécution et de l'élaboration des lois, et de cinq Ministres ayant pour mission d'examiner les affaires du royaume et de soumettre à l'approbation du roi les mesures jugées pas eux opportunes.

3º Dans l'établissement d'un tribunal supérieur composé des principaux magistrats du royaume et siégeant dans la capitale. Ce tribunal se constitue en cour d'appel pour tous les jugements rendus dans la capitale ou les provinces.

4º Dans l'abolition progressif de l'esclavage.

5º Dans la promesse de n'établir aucun impôt nouveau et dans l'abolition de toutes les fermes ou monopoles, sauf de l'opium des alcools et du riz.

6º Dans l'attribution au conseil du Contentieux de Saïgon de régler les conflits survenus, en matière de contentieux administratif, entre le gouvernement Cambodgien et les sujets Européens ou Américains résidant dans ses Etats et justiciables des Tribunaux Français.

Il y a maintenant à Pnûm-penh un tribunal français qui fonctionne régulièrement.

Pnom-penh ou *Pnûm-penh* est la capitale du Cambodge. Cette ville qui compte 30.000 habitants se trouve dans une position stratégique excellente, au croisement de quatre grandes voies fluviales. Elle avait, dit-on, plus de 50.000 habitants lorsqu'elle fut incendiée par les Siamois ; mais elle se releva promptement de ses cendres et reprit le premier rang pour la population parmi les villes entre Bangkok à l'ouest et Saïgon à l'est.

Les campagnes des environs de *Pnom-Penh* sont parsemées de nombreux villages et le bras fluvial, qui se dirige vers le grand lac est bordé de maisons et de jardins jusqu'au bourg de *Campong-leng*, qui se trouve à 60 kilomètres au nord, sur la rive orientale.

La grande rue de Pnom-penh est bordée de maisons habitées par des Chinois qui se sont établis depuis longtemps dans le pays.

Beaucoup de cambodgiens vivent dans leurs grandes barques carrées dont ils ont fait de véritables maisons flottantes. Ils en allégent le poids en les soutenant de chaque bord par de gros bambous. Leur pavillon porte un cheval blanc sur fond rouge.

Dans l'île qui se trouve en face de la ville se trouvent la douane cambodgienne et la concession française. Dans cet endroit, où le fleuve a près de 2000 mètres de largeur, stationne un bâtiment français.

Pnom-Penh est à 170 kilomètres de Saïgon et à dix jours de Bangkok, à dos d'éléphant, en passant par Battambang.

La monnaie en usage dans cette ville sont les nères ou lingots d'argent qui valent 70 à 80 francs, les ligatures ou sapèques et les piastres.

A peu de distance de Pnom-Penh on rencontre *Oudong* (Victorieuse), l'ancienne capitale du Cambodge, bâtie au nord-ouest sur un affluent du fleuve.

Cette ville a été abandonnée parceque son accès était trop difficile pour les canonnières.

Au nord se trouve la cité de *Lovek* qui a été aussi capitale et qui, plus qu'Oudong a été délaissée. On voit encore les restes de sa triple enceinte.

Le seul port du Cambodge est *Kampot*. Ce port a été fréquenté de tout temps par les Chinois et les Malais. Il a de la profondeur et son mouillage est plus sûr que celui de Chaudoc. C'est là qu'aboutit la voie la plus courte qui conduit d'Oudong et de Pnom-penh au golfe de *Siam*.

A cinq jours de barque de Pnom-Penh s'élèvent encore les ruines d'*Angkor* qui fut détruite de fond en comble par les Birmans au XVIIIᵉ siècle. On y remarque le fameux temple d'Angkorwat, monument gigantesque et chef-d'œuvre d'architecture Boudhique.

HISTOIRE. — Le Cambodge eut son époque de gloire et de puissance. C'était autrefois l'Etat prépondérant dans l'Indo-Chine. Son commerce s'étendait jusque dans la péninsule gangétique et l'île de Java. Alors il occupait tout le littoral depuis Binh Thuan jusqu'au Siam, c'est-à-dire du 101° au 107° de longitude et dans l'intérieur il s'étendait jusqu'au Laos, au nord, entre les 8° et 15° de latitude Nord. Le royaume de Siam actuel était sous sa domination et ne devint indépendant que sous le règne de Prâ-ruang, vers 638. Il était séparé de l'Annam à l'Est par les pays habités par les Chams. En 1013 le roi de Cambodge avait pour capitale Bien Hoa, aujourd'hui dans la Cochinchine française. Mais les souverains d'Annam, qui jalousaient la puissance des rois de Cambodge et enviaient les territoires voisins de leurs frontières, leur enlevèrent successivement de 1658 à 1715 les provinces de Baria (1658), de Bien Hoa, de Saïgon (1675), de Mytho, de Vinh-long (1699), de Chaudoc et enfin d'Hatien (1715), refoulant ainsi dans l'intérieur les cambodgiens qui allèrent se heurter aux siamois qui, de leur côté, envahissaient leur malheureux pays. De 1809 à 1813 les Siamois s'emparèrent des provinces situées à l'ouest du grand lac,de Battambang et d'Angkor.

Lorsque le roi Norodon, pour échapper à une ruine certaine, car les envahiss-ements des Siamois et des Annamites continuaient sur ses domaines,se mit sous notre protection en 1863, l'amiral de la Grandière fit valoir les anciens droits du Cambodge sur les riches provinces septentrionales que le Siam lui avait arrachées, mais on ne l'écouta pas à Paris. L'indifférence de notre diplomatie consacra ainsi la spoliation dont le Cambodge avait été victime, et à notre détriment. C'est le 15 juillet 1867 que fut signé à Paris le traité qui abandonnait Angkor et Battambang au royaume de Siam.

Plusieurs révoltes se sont produites au Cambodge depuis que nous y exerçons notre protectorat. Celles de Poncombo et de Si-Votha de 1863 à 1867 et de 1876 à 1877 ont été sérieuses et difficiles à réprimer, dans un pays imparfaitement connu et hérissé de forêts impénétrables.

Tout récemment nos troupes ont eu à repousser de nouvelles attaques de Si-Votha, le frère et le rival du souverain actuel. Les rebelles commandés par les gouverneurs de Pursat et de Krako ont été successivement battus, le 3 mai 1885, à Pursat,par le lieutenant Lafargue ; à Krang-rapho, dans l'arrondissement de Baté, le 24 mai, par le capitaine Kuntz ; à Bompong-Anapyl, dans l'arrondissement de Kathom, le 31 mai par le lieutenant Dierson ; à Phu-Tan, sur le canal de Chaudoc le 3 juin,par le commandant Goulias; à Vinh-Haloc, le 5 juin ; à Ang Ko, dans l'arrondissement de Kalhat, par le capitaine Yarnowski,et enfin le 12 juin par le lieutenant Durand de Lauzon. L'insurrection qui avait éclaté le 8 janvier paraissait complètement réprimée le 15 septembre.(1)

---

(1) Une loi portant approbation d'une nouvelle convention conclue à Pnom-Penh, le 17 juin 1884, entre le gouverneur de la Cochinchine, agissant au nom de la République française et le roi du Cambodge a été votée par le Parlement et insérée au *Journal Officiel* du 22 juillet 1885.

L'ANNAM

GÉOGRAPHIE. — **Situation géographique, Superficie, Population.** — L'Annam s'étend sur la mer de Chine, du nord au sud, en formant une courbe qui part du Tonkin, à la hauteur de Kouang-Binh où se trouve une ancienne muraille frontière, et aboutit à la province de Binh-Thuan annexée à la Cochinchine française depuis le traité du 25 août 1883. Il est limité à l'ouest et au sud ouest par le royaume de Siam, le Cambodge, les régions habitées par les Stiengs, les Moïs et les Chams et la Cochinchine française. Sa superficie est évaluée à 275,000 kilomètres carrés, sa population à 5 ou 6 millions d'habitants.

Côtes, Iles. — Les côtes de l'Annam sont coupées par de nombreuses rivières qui permettent aux navires d'un faible tonnage de pénétrer dans l'intérieur du pays et de le sillonner presqu'en tous sens. On y remarque un grand nombre de baies, de ports de caps et d'îles.

Ce sont les baies ou ports de *Padarang, de Camranh, de Binh-Kang, de Hon-Cohe, de Xuan-day, de Coumong, de Ghia, de Tourane*; les caps *de Padarang, de Kei-choung, de Varela, ou Naï*, les îles *de Tagne-Noï, des pêcheurs, Tre, Khoï, Dat etc...* dont plusieurs servent de refuge aux pirates.

Montagnes. — Les monts *Deo-Ngang* s'étendent parallèlement à la côte et ont des altitudes qui varient entre 800 et 2000 mètres. Ils sont peu connus. Tantôt arides tantôt couverts de riches forêts, ils contiennent beaucoup de minéraux et toutes les essences végétales de l'Indo Chine.

Rivières et Cours d'eau. — La proximité des montagnes du rivage s'oppose à l'étendue des rivières, aussi l'Annam n'en renferme-t-il que de petites, à l'exception du fleuve *Baou-Dalang* et du *Son-Mag* sur le quel s'élève *Tanh-Hoa*. Citons encore la rivière de *Hué* ou *Truong-Tien*, le petit cours d'eau de *Giang*, près du cap et de la baie de *Vung-china* que certains géographes assignent comme limite du Tonkin et de l'Annam, et le fleuve *Ngan-An*, dans la province de Kouang-Binh, qui coule à travers des cavernes dont les voûtes ont jusqu'à 100 mètres de hauteur et d'où pendent de nombreux et magnifiques stalactites.

Productions végétales, Cultures. Les productions végétales de l'Annam sont les mêmes que celles que nous avons décrites pour la Cochinchine française et le Cambodge. Plus de 12000 espèces végétales ont été reconnues dans l'Indo Chine orientale. On y trouve en grande quantité des mangliers, des pandanes, des palmiers, des Calounes, des cocotiers et d'immenses rizières. Cette région est aussi la plus riche de l'Asie en fruits de toutes sortes. Les forêts contiennent des bois précieux à divers titres ; le tek, le bois de fer, l'arbre à vernis, le bois d'aigle. Malgré cette richesse, les Annamites ne s'adonnent presqu'exclusivement qu'à la culture du riz qui est leur principale nourriture et à celle du bambou qui leur sert à fabriquer des paniers, des palissades, des tapis, des cordages et même des vases.

Il y a dans ce pays un vaste champ à exploiter pour l'agriculture Européenne.

Animaux. — On rencontre dans l'Annam : l'éléphant, le rhinocéros, le buffle sauvage le bœuf appelé Dzin, le tigre, le chevreuil, le cerf et la plupart des animaux qui peuplent le Cambodge et la basse Cochinchine. Les Annamites redoutent le tigre qu'ils élèvent au rang d'une divinité, aussi, au lieu de le combattre, s'efforcent-ils de l'éloigner en chantant ses louanges, procédé qui jusqu'à présent ne semble pas avoir produit d'excellents résultats ! Ces animaux féroces profitant de la liberté relative qu'on leur laisse exercent parfois de terribles ravages dans les campagnes. Le buffle très vigoureux est employé, comme les bœufs dans certaines parties de la France, pour traîner les chariots, à la place du cheval qui est de petite taille et sans grande force. Le chien vit à l'état sauvage.

Dans les villages annamites plus que partout ailleurs la volaille fourmille. Les canards, les poules, les oies peuplent les basses cours que le porc,très estimé chez les annamites,ne manque pas d'honorer de sa présence. Les Indigènes se livrent aussi à la pêche du crocodile dont la queue est un aliment recherché !

Mœurs et coutumes des Habitants. — Lorsque nous avons décrit la Cochinchine française nous nous sommes étendu assez longuement sur les mœurs et coutumes des Annamites qui l'habitent pour ne pas être obligé de les dépeindre à nouveau, ici. Nous dirons seulement quelques mots des Chams, peuple à demi sauvage et indépendant qui habite partie dans la Cochinchine partie dans l'Annam méridional. Les Chams semblent avoir appartenu à une nation jadis policée. Ils sont plus grands, plus forts, mieux proportionnés que les Annamites. Leur visage est plus régulier, moins plat ; leurs pommettes sont moins saillantes et leurs yeux plus ouverts. Ils se distinguent de la plupart des autres Asiatiques par le grand développement de la croupe qui donnent à leurs femmes une certaine ressemblance avec les Hottentotes. La langue des Chams est un composé de mots malais, Cambodgiens et annamites. Ces indigènes ont un grand respect pour les morts qu'ils gardent parfois 2 ou 3 mois chez eux avant de les brûler. Les Bahnis ou classe religieuse pratiquent la circoncision, ne boivent pas de liqueurs fortes,ne mangent pas de la chair du porc et adorent le soleil, la lune et en général toutes les forces de la nature. Leurs femmes sont très fidèles et ne s'allient pas avec des étrangers. Leur race est donc restée pure de tout mélange et c'est ce qui la rend particulièrement intéressante. Les chams sont braves, francs et loyaux ; ils ne tarderont pas sans nul doute à se mettre sous notre protection.

Minéraux. — Les renseignements que l'on possède jusqu'ici au sujet des richesses minérales de l'Annam sont pour la plupart de source chinoise et par conséquent sujets à caution. Nous nous contenterons de mentionner ici les principaux gisements connus et exploités sans nous occuper de la valeur qu'ils peuvent avoir. L'avenir nous renseignera plus amplement à cet égard.

Voici ces principaux gisements :

Mine d'or de *Chien-Dan* dans la province de Kouang-Nam. Mine d'or de *Hoi-Ngnoyen* dans la province de Ngêan. Gisements argentifères de *Lu-Thuong* de *Lu-Ha*, de *An-Khuong*, de *Ba-Dong* dans la province de Tanh-Hoa. Mines de cuivre rouge de *Tach-Kien* dans la province de Kouang-Nam. Mines de cuivre de *Duc-Bo* dans la province de Duc-Bo. Mines de Zinc, de *Phoug-Mieu-Thuorg* dans la province de Kouang-Nam. Gisement de fer magnétique du *Cédans* dans la province de Binh-Dinh. Gisement de fer du Haut de la rivière de *Hué*. Gisement de fer des montagnes de *Camlo* dans la province de Kouang-Tri. Mines de charbon de *Nong Son*, concédée pour 29 ans à des Chinois. Cette dernière mine a été explorée et analysée ent 1882 par Monsieur Fusch, Ingénieur des Mines.

Climat. — La chaîne de montagnes qui borne l'Annam à l'ouest et qui s'étend comme nous l'avons déjà dit parallèlement à la mer arrête les nuages chargés de pluie qui viennent de la mer avec les moussons du nord-est, de sorte que l'ordre des deux saisons est interverti à Saïgon et à Hué. Quand la saison sèche règne à Saïgon, la saison pluvieuse domine à Hué et réciproquement.

La température dans l'Annam varie de $+ 40°$, en

été, à + 10°, en hiver. A Hué même la température moyenne est de 34° 22. Elle est de 27° 01 a Saïgon et de 23° 5 à Hanoï, dans le Tonkin.

Organisation, Divisions, Villes, Bourgs.

— L'Annam comprend les provinces de *Binh-Hoa* ou *Nha-trang*, de *Phuyen*, de *Binh-Dinh* ou de *Thinh-Nai*, de *Kouang-Ngai*, de *Kouang-Nam*, de *Kouang-Duc*, de *Kouang-Tri*, de *Kouang-Binh*, de *Ngéan* et de *Tanh-Hoa*.

Les institutions sociales et politiques de l'Annam sont copiées sur celles de la Chine dont il a été une province pendant plus de mille années.

Sauf quelques modifications de détail, le gouvernement et l'administration de l'Empire d'Annam sont donc identiques à ceux de l'Empire Chinois. Le Code annamite est presque le même que le code chinois et en reproduit les principales dispositions.

Les Communes ou Langs sont autonomes et administrées par un Conseil de notables. Elles sont indépendantes du pouvoir central, font leur police elles-mêmes et lèvent leurs impôts dont tous les habitants d'une même commune sont responsables. On est électeur municipal à 17 ans mais à la condition de posséder un feu, c'est à dire une demeure à soi.

Les principales villes de l'Annam presque toutes situées dans le voisinage de la mer sont, en partant du sud et en remontant vers le nord :

Binh-Hoa ou *Nhatrang* près du cap Varéla, *Phuyen*, *Quinhon*, *Binh-Dinh* ou *Thinh-nai*, *Kouang-Ngai*, *Xuandai*, *Kouang Nam*, *Tourane*, *Choumay*, *Thuan-an*, *Hué*, *Kouang-Tri*, *Kouang-Binh*, *Ha-tinh*, *Vinh*, *Thanh Hoa*.

Hué, dans la province de Kouang-Duc a 60.000 habitants. C'est la capitale de l'Empire d'Annam. La ville a un port intérieur, le *Mang-La*, et un port extérieur défendu par 4 forts, *Thuan-an*, distant de 20 kilomètres et peuplé de 1400 habitants.

La ville proprement dite comprend deux quartiers

distincts : le quartier de la Citadelle et la ville marchande ; celle-ci s'étend le long du canal qui coupe l'un des coudes de la rivière de Hué tout en formant le fossé de l'une des faces de la citadelle. C'est là que s'entassent les maisons et les boutiques des artisans et des marchands. De ce côté les habitations sont en maçonnerie tandis que les deux autres fossés de la cidelle ne sont bordés que de paillotes.

La citadelle est un vaste quadrilatère de 2400 mètres de côté, à front bastionné. Toute la population officielle y réside depuis le roi et ses ministres jusqu'aux derniers mandarins civils ou militaires. De grandes avenues bien entretenues et bordées de lilas roses traversent la citadelle en tous sens la coupant à angles droits. De nombreuses et vastes casernes y ont été construites pour contenir la grande armée du roi dont le palais privé se trouve dans une deuxième enceinte.

Armée. Flotte. — L'armée régulière annamite comprenait en 1878 40.000 hommes ; sa flotte se composait de 4 bateaux à vapeur donnés par la France, de 7 corvettes à voiles et de 300 jonques montés par 16000 hommes et armés de 1400 pièces de canons.

Voies de communication — Une route que parcourent les courriers et qui a 800 kilomètres de longueur relie Saïgon à Hué. Les ponts construits sur les rivières qui traversent cette route sont souvent en très mauvais état, mais l'on trouve toujours des pirogues et des bateliers pour vous les faire passer. Elle traverse le Binh-Thuan où l'on peut se procurer d'excellents poneys, gagne Quinhon, port qui a été ouvert par les traités depuis plusieurs années et remonte à Hué, à travers des provinces très riches en minerais de toutes espèces.

Une route de 97 kilomètres de développement conduit de Hué à Tourane. Celle de Hué à Hanoï qui a environ 700 kilomètres de longeur traverse la province de Kouang-Tri qui est bien cultivée et sillonnée par un lagune de 120 kilomètres navigable pour les jonques et les bateaux de petites dimensions.

***

HISTOIRE. — Nous avons vu dans l'histoire de la Cochinchine française que, dès 1787, nous étions entrés en relation avec l'Empire d'Annam dont le souverain d'alors, Gia-long, nous avait cédé le port de Tourane. Malheureusement les successeurs de ce prince, protecteur de nos missionnaires, ne partagèrent pas ses sympathies. Les persécutions contre les chrétiens allèrent toujours croissant jusqu'en 1858, époque à laquelle Tourane fut de nouveau occupée militairement et l'expédition de Cochinchine résolue. Cependant nos troupes quittèrent Tourane deux ans après et ce ne fut qu'en 1874 que nous renouâmes nos relations avec la Cour d'Annam qui signa avec nous le traité de Saigon du 15 mars auquel avait été annexé un traité de commerce signé le 31 août de la même année. Nous croyons intéressant de donner ici les principales dispositions de ce traité qui établit notre protectorat sur l'Annam et a servi de base aux traités ultérieurs. Remarquons ici que la Chine n'éleva alors aucune réclamation et laissa toute liberté d'allure à l'Annam qui traita directement avec nous.

Ce traité de 1874 stipulait :

1º que les ports de Hanoï, Haïphong et Quinhon seraient ouverts au commerce.

2º Que les Européens auraient le droit de résider et d'acquérir sur ces trois points sous la protection d'un Consul français et d'une garnison de 100 hommes.

3º Que la circulation serait libre dans l'intérieur du royaume d'Annam pour tout porteur d'un passe port visé par le Conseil.

4º Que les marchandises chinoises passeraient sans opposition à travers le Tonkin.

5º Que la religion catholique serait exercée librement dans tout le royaume.

6° Que le gouvernement annamite paierait à l'Espagne lésée dans ses intérêts une indemnité de 1 million de piastres.

7° Que la France cèderait à l'Annam 5 vapeurs de la force de 500 chevaux, 100 canons et 1000 fusils à tabatière.

8° Que le roi d'Annam, en cas de révolte intérieure ou de guerre extérieure, n'aurait recours qu'à la France à l'exclusion de toute autre Nation.

Cette dernière disposition mettait l'Annam entièrement sous notre dépendance.

Ces conditions furent violées bientôt par le gouverment d'Annam qui ne les avait acceptées qu'à regret. Tu-Duc entretint à sa solde les pavillons noirs qui empêchaient la liberté du commerce sur le fleuve Rouge et s'empressa de réveiller les prétentions bien assoupies de la Chine sur le Tonkin et sur son propre royaume. Les massacres de chrétiens se renouvelèrent et nos compatriotes furent en lutte à mille persécutions.

Notre résident à Hué fut obligé de se retirer. Cependant le gouvernement français désireux d'arriver à une entente avec Tu Duc et à éviter la guerre chargea M. de Kergaradec qui était initié aux usages de la cour de Hué de jeter avec le roi les bases d'un arrangement définitif. Mais la mort du commandant Rivière, l'attaque de Hanoï, la participation plus évidente que jamais du gouvernement annamite aux hostilités entreprises contre nous au Tonkin, firent renoncer à l'envoi d'une mission pacifique. Le gouvernement français se décida à une démonstration énergique, la seule d'ailleurs que comprennent ces peuples Orientaux qui ne s'inclinent que devant la force.

Notre flotte sous les ordres de l'amiral Courbet se rendit de Tourane à Hué. Elle comprenait les cuirassés le « Bayard », l' « Atalante », le « Chateau-Renaud », le « Drac » et les canonnières la « Vipère » et le « Lynx » et emportait les 27e et 31e compagnies d'Infanterie de marine, une compagnie de tirailleurs annamites, 100 coolies, et deux batteries d'artillerie de marine avec 15 canons.

Le 20 Août 1883 le drapeau français flottait sur les forts et batteries de Thuan-An bombardés et pris d'assaut dans les trois journées précédentes. Les canonnières la «Vipère» et le «Lynx» avaient réussi à forcer la barre large et longue de 200 mètres et avaient pénétré dans la rivière où elles s'étaient embossées malgré le feu violent dirigé contre elles.

Le débarquement qui n'avait pu se faire le 19 s'était effectué le 20, malgré un ressac très gênant et la résistance très vive des annamites embusqués derrière les dunes de sable qui sillonnent la côte, en cet endroit.

Les forts et la batterie du sud furent occupés le 21, sans combat.

Plus de 1200 annamites furent tués et plus de 1600 blessés. Quant à nous, sur les 1050 hommes que nous avions en ligne nous n'eûmes que quelques tués et blessés. Trois boulets traversèrent la muraille du Bayard ; la Vipère éprouva aussi quelques avaries. En somme, grâce au sang froid de l'Amiral et à la vigueur des troupes, nos pertes furent presque nulles.

Sur la demande du nouveau roi, Hiep-Hoa, qui venait de succéder à Tu Duc, un armistice fut accordé et le 22 août MM. Harmand et de Champeaux se rendirent à Hué pour traiter de la paix. La prise des forts de Thuan-An avait jeté la consternation dans la capitale, et la Cour paraissait disposée à se soumettre à toutes nos conditions.

En effet, le 25 août furent signés à Hué les préliminaires d'un nouveau traité. Ls plénipotentiaires d'Annam étaient le grand censeur, Trau-Dinh-Tuc et le Ministre des affaires intérieures et étrangères, Nguyen-Trang-Hiep.

D'après ce traité le roi d'Annam reconnaît formellement le protectorat de la France. Tous les annamites deviennent protégés français. — Le roi nous donne le droit d'occuper à titre définitif les forts de

Thuan-an et l'entrée de la rivière de Hué ainsi que les montagnes de Vung-China qui commandent les communications de l'Annam avec la Cochinchine. — La France garantit le gouvernement annamite contre toute agression intérieure ou extérieure et s'engage à le soutenir dans toutes ses légitimes revendications. — La province de Binh-Thuan contigüe à la cochinchine est cédée à la France. — Le roi ordonne le retrait immédiat des troupes annamites envoyées au Tonkin et remet son armée sur le pied de paix. — Ordre est donné aux mandarins de reprendre leurs postes. — Les nominations faites par l'Autorité française sont confirmées. — La France se charge de chasser du Tonkin les pavillons noirs et autres bandes et d'assurer la liberté du commerce dans ce pays. — Les ports de Xuandaï et de Tourane sont ouverts comme celui de Quinhon. — La France aura le droit d'installer des résidents aux chefs-lieux de toutes les provinces du Tonkin y compris Than-Hoa et Ngêan, au sud ouest du fleuve Rouge. Ces résidents sont assistés de troupes ; ils rendent la justice entre Européens et Indigènes, contrôlent la police et centralisent le service des Impôts. — Le gouvernement français peut établir le long du fleuve Rouge les fortifications et les ports qui lui paraîtront nécessaires. — Le résident français à Hué jouit du privilège refusé jusque là aux Européens d'obtenir des audiences personnelles du roi. — L'administration des Douanes de tout l'Annam est réunie dans les mains de la France qui a le contrôle absolu des finances du royaume. — Une somme de 2.500.000 francs prélevée sur le produit des Douanes est versée annuellement par la France au gouvernement Annamite.

A la suite de cet important traité M. de Champeaux fut nommé notre résident à Hué ; le roi Hiep-Hoa fut élevé à la dignité de Grand Croix de la légion d'honneur et ses deux plénipotentiaires Tran-Dinh-Tuc et Nguyen-Trang-Hiep furent créés officiers.

Pendant que les opérations militaires se poursuivaient au Tonkin, le roi d'Annam Hiep-Hoa était forcé par les mandarins excités par les Chinois d'abdiquer en faveur d'un neveu, le prince Mê-neu qui prit le nom de Kien-Phuoc et fut couronné le 2 décembre, à l'âge de 15 ans.

Dans l'intervalle, M.de Champeaux, pour bien marquer la suprématie de la France et s'assurer de la bonne foi du gouvernement d'Annam, sollicita du roi une audience personnelle. Elle lui fut accordée le 27 novembre, mais le lendemain le malheureux roi Hiep-Hoa fut trouvé mort dans son lit ; il avait été empoisonné.

Le Conseil de Régence voulut désavouer le traité du 25 août 1883. Encouragées par l'attitude agressive du gouvernement,des bandes armées parcoururent les faubourgs de Hué et menacèrent la légation française, cherchant à intercepter ses communications avec Thuan-an où se trouvaient 3 navires de guerre français et un bataillon d'infanterie de marine avec quelques tirailleurs annamites.

A la suite de ces troubles M. Tricou se rendit à Hué pour demander des explications, et, sur ses menaces, le conseil de Régence donna, le 1 Janvier 1884, son adhésion, au nom du nouveau roi, au traité du 25 août 1883. M. Tricou fut reçu à cette occasion par le roi entouré de ses ministres et des grands mandarins et obtint le 7 janvier 1884 qu'un terrain serait cédé à la France dans la citadelle même de Hué pour y loger 500 hommes de troupes françaises.

Nous étions les maîtres à Hué, mais partout où nos armées ne se montraient pas des massacres se renouvelaient. Un prince de la famille royale d'Annam accusé et convaincu d'avoir ordonné le meurtre de chrétiens inoffensifs fut exécuté à Hué.

Tout récemment encore des massacres ont eu lieu dans la province de Tanh-Hoa, aux environs de Hué et à Tourane. L'organisation de ce pays, en prenant modèle sur ce qui a été fait à Tunis s'impose à bref délai. C'est d'ailleurs,nous osons l'espérer, ce que fera le gouvernement français. Les derniers évènements dont la capitale de l'Annam a été le théâtre et pendant les quels le général de Courcy et ses soldats ont failli être victimes d'un indigne guet-apens, nous mettent dans la nécessité ou d'annexer l'Annam purement et simplement à nos possessions directes d'Indo-Chine, ou d'en réduire le gouvernement indigène à sa plus simple expression.

C'est dans la nuit du 2 ou 3 juillet 1885, vers 1 heure du matin, par un ciel couvert, que la garnison annamite forte de 22000 hommes se rua sur la citadelle et la légation ou se trouvaient 12 à 1500 de nos soldats. On comprendra sans peine de quel désastre pour nous eût suivie cette attaque furieuse et inattendue si nos troupes surprises dans leur sommeil et chassées de leurs casernements par l'incendie eussent perdu leur sang froid. Fort heureusement elles se rallièrent rapidement à la voix de leurs officiers et repoussèrent les rebelles avec un entrain admirable. Poursuivis à la bayonnette par les zouaves, les Annamites s'enfuirent dans toutes les directions laissant plus de 1500 cadavres sur le terrain. Nos pertes s'élevèrent à 80 tués ou blessés.

Le général de Courcy trouva dans la citadelle plus de 1000 pièces de canons et un trésor de dix millions. La famille royale s'était retirée dans les montagnes de Camlo sous la conduite de notre ennemi Thu-Yet.

M. de Champeaux a été nommé ministre de la guerre à Hué, et dix officiers français, connaissant la langue annamite seront placés sous ses ordres et occuperont les points importants du royaume avec pleins pouvoirs administratifs et judiciaires, en attendant une organisation spéciale.

Le prince Chanh-Mong, fils adoptif de Tu-Duc a été proclamé roi d'Annam le 14 septembre et couronné le 19 du même mois.

LE TONKIN

GÉOGRAPHIE. — Situation géographique, Superficie, Population. — Le Tonkin conquis au détriment de la dynastie nationale des Lê par l'Empereur d'Annam, Gia-Long, en 1802, est situé entre les 18e et 26e parallèles Nord et les 102e et 106e degrès de longitude orientale. Il est borné au Nord par la Chine, à l'est par la mer de Chine qui s'appelle sur ses côtes golfe du Tonkin, au sud par l'Annam, à l'ouest par des pays occupés par des peuplades qui ont su s'affranchir du joug des Annamites et conserver leurs territoires qui s'étendent depuis Laokaï, à la frontière du Yunam, jusqu'à Kouen-Lé, c'est-à-dire sur une étendue de plus de 60 lieues.

De Kouen-Lé à l'embouchure du fleuve Rouge ou Song-Koï on compte 100 lieues ; c'est cette grande route fluviale de 160 lieues que la conquête du Tonkin nous permettra d'utiliser pour trafiquer avec les provinces méridionales de la Chine, les plus riches en mines de tous genres de l'empire chinois et peut-être du monde entier.

La superficie du Tonkin est évaluée à 170.000 kilomètres carrés et sa population à 12 ou 15 millions d'habitants. C'est la région la plus peuplée de l'Indo-Chine.

Côtes, Iles. — Les côtes du Tonkin sont coupées par les embouchures des nombreux fleuves et rivières qui sillonnent l'intérieur du pays. Elles présentent un assez grand nombre de caps et de baies et sont bordées, surtout au nord, par des groupes d'îles peu importantes mais qui ont servi et servent encore de refuge aux nombreux pirates qui infestent les mers de Chine.

Les principales baies sont celles d'*Along*, de *Fitze-Long* et de *Oank-Xuan*, près du cap *Pak-Lung*.

Les îles s'appellent, en partant du nord et en se

dirigeant vers le sud : *Sham-Mui-Tao, Foutaï, Moou, Lowen-San, Machao, Tchim-Chan, Luichao, Choum-Lan-Sam* et *Sha-Pak-Wan* ou îles *Gow-Tow* (des pirates), *Foum-Lung, Soom-La-To, Laito-San, Norway* etc.....

Les embouchures du fleuve Rouge et du Thaï-Bind, les deux brands fleuves du Tonkin, prennent, en partant de la baie d'Along, les noms de : *Song-Chong, Cua-Nam, Trieu, Cua-Cam* et *Cua-Van-Ne* qui forment la presqu'île de *Doson* où s'élève un phare qui a 45 mètres de hauteur, de *Cua-Thaï-Binh, Cua-Dieu-Ho, Cua-Traly, Cua-Bac-Lac-Nam, Cua-Bac-Lac-Dong, Cua-Ka-Lan, Cua-Lac, Cua-Day* et *Cua-Chineh ;* plus au sud se trouve l'embouchure du *Song-Ma* qui se jette dans la mer par deux petits bras.

La plupart de ces embouchures sont obstruées par des barres infranchissables et des bancs de sable qui en rendent l'accès impraticable pour les navires un peu importants. Seul des nombreux bras du fleuve Rouge le bras de Traly qui a 400 mètres de largeur est navigable pour les navires européens.

Montagnes. — Le sol du Delta est bas et formé d'alluvions ; on n'y rencontre que de faibles collines ; mais le terrain s'élève à mesure que l'on pénètre dans l'intérieur ou que l'on se dirige vers l'Annam ou la Chine. On remarque : dans la province de Ninh-Dinh, le mont *Phac-Diem* qui a 210 mètres, *La Grande-Dent*, 400 mètres, le pic de *Yen-Hoa*, le défilé de *Tam-Mep ;* dans la province de Quang-Yen, le *Grand-Sommet*, 1200 mètres ; dans la province de Tuyen-Quan, les monts *Loi-Bao ;* les montagnes qui séparent la Chine de la province de Lang-Son et les pics voisins de la mer qui ont des hauteurs variant de 1200 à 1400 mètres.

Forêts. — Il y a de vastes forêts dans les provinces de Tuyen-Quan et de Thaï-Nguyen.

Fleuves, Rivières, Cours d'eau, lacs. — Le fleuve *Rouge* ou *Song-Koï*, le plus important du

Tonkin, se jette à la mer par trois bras dont le plus large est le *Traly* ; à 40 milles environ de Hanoï il reçoit à droite la rivière *Claire* qui prend sa source dans le Yunam et à gauche la rivière *Noire* qui sort des monts du Laos et traverse, sans être navigable, un pays rempli de forêts vierges. Au nord du fleuve *Rouge* coule parallèlement le *Thaï-Binh* dont le bras septentrional le *Cua-Cam* est très large ; c'est la voie que l'on suit habituellement pour se rendre à Hanoï. La saison la plus favorable pour la navigation est celle des hautes eaux. Le *Cua-Cam* rejoint le *Thaï-Binh* aux six bras ou *Lu-To-Kiang*, à 15 milles de son embouchure.

De nombreux canaux et arroyos naturels forment comme un réseau liquide sur toute la surface du Tonkin.

Près de Cao-Bang se trouvent les trois grands lacs de Ba-*Bé*.

Productions végétales, Cultures. — Les productions végétales du Tonkin sont celles qui enrichissent l'Annam, la Cochinchine, le Cambodge et les provinces méridionales de la Chine; mais le Tonkinois s'adonne principalement à la culture du riz, du coton et de la cannelle, surtout dans la province de Hung-Hoa La culture de cette cannelle d'une qualité supérieure et dont le prix égale presque celui de l'or était jusqu'à notre occupation le monopole des souverains d'Annam qui la faisait surveiller par des agents spéciaux.

Animaux. — Les animaux qui peuplent le Tonkin se rencontrent également en Annam et en Cochinchine. Comme les Annamites, les Tonkinois élèvent beaucoup de volailles et leurs basses-cours sont plus riches que partout ailleurs en oies, canards, poules etc.....

Règne minéral. — Le Tonkin est réputé comme l'un des pays les plus riches du monde en gisements de substances métalliques et de fait on trouve beaucoup d'or, de cuivre et de mercure dans les provinces limitrophes de Yunam. On trouve du mercure en assez grande quantité dans les provinces de Haï-Dzuong de Thaï-Nguyen et de Bac-Ninh ; des gisements considérables de cuivre dans la province de Hung-Hoa ; une des mines les plus importantes de cuivre est située en pleine forêt, près de Ké-Luim et est exploitée depuis longtemps par les indigènes. Tout le long du fleuve Rouge on rencontre des gisements de cuivre très riches. Dans la province de Kaï-Hoa on a découvert des mines d'étain, ainsi que dans l'arrondissement de Mong-Tse. Il y a aussi au Tonkin des mines de zinc, de plomb, de fer, de bismuth, de la soude, du salpêtre, de l'alun, de l'arsenic, du charbon de terre, du pétrole, du kaolin, des marbres, du jade, du cristal de roche e: des pierres précieuses de toutes sortes. L'or, le fer et la houille se trouvent principalement sur les côtes.

Climat. — Le climat du Tonkin est plus sain que celui de la Cochinchine et plus favorable à l'acclimatation des européens. La température permet d'y cultiver la plupart des essences qui croissent dans les zones tempérées. Il y a quatre mois d'hiver pendant lesquels le thermomètre descend jusqu'à 7° ; 4 mois de saison tempérée où il oscille entre 17° et 25° et 4 mois de fortes chaleurs où il marque jusqu'à 38 degrés.

Mœurs et Coutumes des habitants. — Nous ne parlerons pas des Tonkinois dont les mœurs et les usages sont ceux des annamites ; mais il y a au Tonkin des peuples à demi-sauvages qu'il importe de faire connaître au lecteur. Ces peuplades connues sous le nom général de *Muongs*, comme les *Khas* des Siamois, les *Pnoms* des Cambodgiens. les *Moïs* et les *Traos* des Annamites et les *Lolo* des Chinois, n'habitent guère que les forêts et les hauts plateaux ou encore les profondes vallées. Les Muongs se livrent à la pêche et à la chasse et cultivent assez bien leurs champs. En fait d'armes ils n'ont que des arcs avec lesquels ils lancent très adroitement des flèches à plus de 100 mètres. Ils sont de moyenne taille plus bruns que les Annamites ; leur crâne est déprimé, leur front large et bas, leur visage arrondi, mais non plat ; leurs yeux sont bien ouverts ; ils ont la bouche grande et les machoires très fortes. Les persécutions dont ils ont été l'objet ont rendu ces sauvages extrêmement peureux et défiants, mais quand poussés à bout, ils sont parvenus à tuer un de leurs ennemis ils se font une fête de s'en partager les morceaux et de les dévorer.

Organisation, Divisions, Villes, Bourgs. — Le Tonkin comprend 13 provinces arrosées par le fleuve Rouge. Ce sont les provinces de *Tuyen-Kouang*, *Hung-Hoa*, *Sontay*, *Cao-Bang*, *Lang-Son*, *Thai-Nguyen*, *Bac-Ninh*, *Hung-Yen*, *Hai-Dzuong*, *Kouang-Yen*, *Hanoi*, *Nam-Dinh*, *Ninh-Binh*.

Les principales villes dont les noms sont aujourd'hui presque tous célèbres sont : *Hanoi*, capitale du Tonkin, à 24 heures de Haïphong par le fleuve Rouge, *Haiphong*, *Hong-Yen*, *Quang-Yen*, *Bac-Ninh*, *Sontay*, *Cao-Bang*, *Tuyen-Quan*, *Lang-Son*, *Thai-Nguyen*, *Nam-Dinh*, *Ngia-Hung*, *Kieu-Xuong*, *Phu-Ly*, *Késo*, *Thai-Binh*, *Dut*, *Phu-Ninh*, *Giang*, *Binh-Gian*, *Hai-Dzuong*, *Thuan-Thanh*, *Vin-Tuong*, *Phu-Ninh*, *Hiep-Hoa*, *Phu-Yen*, *Phu-Luong*, *Phu-Tong-Hoa*.

Hanoi, appelée par les missionnaires *Kécho* et par les indigènes *Kai-Cheu* est la capitale du Tonkin. Elle est située sur la rive droite du fleuve Rouge, par 21° de latitude et 103° 31' de longitude, et compte plus de 100.000 habitants dont 7000 chinois. Son port est assez profond même pendant les eaux basses pour permettre aux navires d'un assez fort tonnage d'y entrer ; mais le mouillage y est difficile au moment des inondations.

Hanoï est la principale ville marchande du Tonkin

et le seul marché où arrivent l'étain et les autres produits du Yunam.

La citadelle de Hanoï est un carré long de 1000 mètres de côté. Son angle nord-est touche au fleuve et son angle nord-ouest à un lac qui a environ 10 kilomètres de tour. La ville marchande se trouve à l'est entre la citadelle et le fleuve sur le bord duquel s'élèvent les casernes et les établissements français.

Un remblai qui entoure la ville la défend contre les inondations.

A 100 kilomètres de Hanoï se trouve *Késo* où il y a un établissement de missionnaires et un évêché.

Haïphong, ou *Ninh-Haï* se trouve par 25° 52' de latitude Nord et 104° 25' de longitude orientale, à 100 kilomètres de Hanoï. Cette ville s'étend sur les deux branches du Song-La-Bud. Son port est sur le Cua-Cam. On compte à Haïphong plus de 3000 ouvriers occupés à la construction de maisons et de magasins. Il s'y tient tous les cinq jours un marché important qui réunit plus de 6000 personnes venues des environs. Haïphong est exposée à des typhons redoutables, aussi les maisons que l'on y construit n'y ont-elles généralement qu'un étage. Le climat y est assez sain quoique humide mais on y manque d'eau potable et il faut aller la chercher dans l'île voisine de Doason.

Cette ville dont l'importance ira croissant est le centre, actuellement, du commerce Tonkinois. Les transactions de son port représente plus des deux tiers du trafic général du Tonkin. Les importations s'y sont élevées en 1876 à 460.000 francs, en 1880 à 5,470,000 francs. Les exportations en 1876 à 258,000 fr. 00 en 1880 à 7.510,000 fr. 00. En 1882 il est entré dans le port de Haïphong 300 navires européens jaugeant 150.000 tonneaux et 225 jonques chinoises portant 16,000 tonneaux.

Haï-Dzuong, sur le Cua-Uaï-Binh, à 50 kilomètres de Hanoï, à 15 milles des Six-Bras et à 4 h. 1/2 de Haïphong renferme 40,000 habitants. Cette ville possède une citadelle construite comme toutes celles de l'Indo-Chine d'après le système de Vauban. On va de Haï-Dzuong à Hanoï par le canal de Song-Chi. Haï-Dzuong est bien tenue et beaucoup de ses maisons habitées par les Chinois sont construites en briques.

Sontay, se trouve sur la rive droite du fleuve Rouge. Elle est défendue par une double ligne de fortifications formidables d'un kilomètre de périmètre, armées de plus de cent pièces de canon. Les Chinois confiants dans sa force l'avaient surnommée « l'inviolable. »

La citadelle de Sontay est à 800 mètres du fleuve dont elle est séparée par la ville marchande peuplée de 20,000 habitants environ. C'est un quadrilatère dont les 4 murs construits en bonne maçonnerie ont chacun 500 mètres de longueur. Dans l'intérieur s'élèvent les bâtiments de l'Etat, la pagode, la prison et les magasins militaires. Quant aux casernes elles se trouvent entre la citadelle et les fortifications, du côté de la terre ferme.

Bac-Ninh, se trouve à 33 kilomètres à l'est de Hanoï. La ville se compose d'une enceinte fortifiée et de faubourgs qui s'étendent des deux côtés de la route de Langson et qui renferment une assez grande quantité de maisons en pierre. A 1 kilomètre, au nord, on rencontre le grand village de Ki-Lua qui était la résidence du général chinois et, à 5 kilomètres à l'ouest, le fort de Laï-Cau.

La citadelle de Bac-Ninh est située sur la rive gauche du Ki-Kung, rivière qui va grossir le Song-Cau, en aval de Bac-Ninh. Elle était défendue, lorsqu'elle fut prise par nous, par deux mamelons où les Chinois au nombre de 20,000 s'étaient fortement retranchés avec une nombreuse artillerie.

Hung-Hoa est la dernière place fortifiée du Delta. Sa citadelle qui à 600 mètres de développement se trouve à 400 mètres du fleuve Rouge. L'enceinte est formée par un mur en briques entouré d'un fossé dont les approches sont défendues par des chevaux de frise.

Lang-Son. La citadelle de Lang-Son est un carré de 500 mètres de côté sans fossés ni bastions dont les murs en briques ont 3 mètres de hauteur. Ces murs sont surmontés d'un parapet percé de meurtrières et couronnés par des palissades de bambous. Elle est dominée par une colline assez élevée qui est la clef de la place.

Parmi les villes les plus peuplées du Tonkin citons encore *Nam-Dinh* qui a près de 80,000 habitants.

Commerce général. — Jusqu'à notre arrivée le commerce au Tonkin était le monopole exclusif des Chinois qui y trafiquaient, soit pour leur compte, soit pour celui des maisons de Hong-Kong qui ont des succursales à Hanoï. Le petit commerce intérieur est presque entièrement aux mains des femmes tonkinoises qui font le métier de revendeuses. Elles achètent pour revendre aux Chinois avec lesquels elles traitent directement. Toutes les transactions se font d'ailleurs au comptant. Le poids communément employé est le picul de 42 1/2 ligatures qui représente 42 kilogrammes, 400 grammes de France, ou 141 2/3 livres anglaises.

S'il faut croire MM. Dutreuil de Rhins et Dupuis qui ont parcouru le pays et ont été à même d'en apprécier mieux que personne la valeur commerciale, le commerce général du Tonkin pourrait atteindre annuellement plus de 600 millions si l'on établissait une ligne de bateaux à vapeur ou mieux un chemin de fer de Haïphong à la frontière du Yunam qui, de cette façon, trouverait un débouché facile pour les trésors qu'il contient.

Les exportations portent principalement sur le riz, le coton, la gomme laque, les plumes pour parures, l'essence de badiane qui produit les fruits appelés anis étoilés, les boîtes laquées, les incrustations en nacre, les tapis brodés, les tissus de soie et la cannelle.

HISTOIRE. — Longtemps province chinoise, le Tonkin était tombé, au commencement de ce siècle, sous la domination de l'Annam avec lequel, comme nous l'avons déja vu, nous avions noué des relations depuis fort longtemps.

MM. de Lagrée et Francis Garnier, membres de la commission instituée par le gouvernement français pour l'exploration du Cambodge ou Mékong, avaient reconnu que ce fleuve n'était pas navigable et que c'était le fleuve Rouge ou Song-Koï, au Tonkin, qui devait être la véritable voie commerciale entre Saïgon et les provinces méridionales de la Chine, en passant par Hanoï ou Kécho et par le Yunam.

Déjà les Anglais, qui ne voyaient pas sans une inquiétude jalouse nos progrès dans l'Indo-Chine, s'étaient mis à l'œuvre pour créer une route de Birmanie au sud de la Chine en passant par Ava et Bhamô. Mais ils avaient échoué dans cette entreprise.

C'est alors qu'un Français hardi et patriote, M. Dupuis, né à Saint-Just, près Roanne en 1829 et qui s'était fixé dès 1860 à Hong-Keou, sur le fleuve Bleu (Yang-Tsé-Kiang), résolut d'explorer le cours du Song-Koï et de descendre par cette voie du Yunam au golfe du Tonkin. En 1872 il descendit ce fleuve sur une longueur de plus de 100 milles, le remonta et alla s'embarquer en Chine pour de là se rendre à Paris où il voulait faire part de son importante découverte au ministre de la Marine.

Il obtint du gouvernement français l'autorisation de s'entendre avec la cour d'Annam pour obtenir la permission de traverser le Tonkin avec un commissaire nommé par la Cour de Hué. Mais à peine le navire français qui l'avait emmené au Tonkin fût-il parti que les Annamites craignant sans doute de voir une nation européenne s'emparer du commerce de leur plus riche province défendirent aux Tonkinois, sous les peines les plus sévères, de fournir des renseignements à M. Dupuis et même de lui procurer des vivres. Mais les Tonkinois s'empressèrent de ne pas obéir aux injonctions de la Cour d'Annam qu'ils avaient en exécration et mirent à la disposition de notre compatriote tout ce dont il pouvait avoir besoin en barques, vivres et munitions pour accomplir son voyage. M. Dupuis arriva le 16 mars 1873 dans la capitale du Yunam où il fut reçu avec enthousiasme. Le gouvernement lui proposa même de mettre 10,000 hommes à sa disposition pour assurer la liberté du commerce sur le fleuve Rouge. Mais notre compatriote repoussa ces offres séduisantes, songeant que les intérêts de la France devaient primer les siens. Il refusa donc la situation superbe qui lui était offerte par les Chinois comme il avait déjà refusé l'or des Anglais. De tels actes de désintéressement et de patriotisme honorent non seulement l'homme qui les accomplit mais encore le pays qui les a inspirés. M. Dupuis se contenta de conclure des marchés avec les principaux négociants du Yunam et d'amener à Hanoï où il avait laissé son ami, M. Millot, avec ses navires, des jonques chargées de minerais et escortées de soldats chinois.

A la suite de ce voyage qui eut un grand retentissement en Chine et qui eut le don d'exciter au plus haut point la jalousie des Anglais, M. Dupuis s'établit à Hanoï où il se mit sous la protection de la Chine dont, sans le vouloir, et simplement dans le but de mettre un terme aux vexations des Annamites, il réveilla les prétentions sur le Tonkin.

M. le contre amiral Dupré qui était alors gouverneur de la Cochinchine, sur les instances de M. Dupuis, envoya Francis Garnier à Hué pour essayer de s'entendre avec la Cour d'Annam et obtenir d'elle qu'elle laissât notre compatriote commercer en paix.

Francis Garnier partit en 1873 avec une canonnière et 100 hommes. Mais dès son arrivée à Hanoï il se trouva en butte à mille tracasseries, à mille vexations de la part du gouvernement de Tu-Duc. On lui coupait les vivres, on empoisonnait l'eau sur son passage, des bandes de brigands le harcelaient sans cesse et menaçaient de l'exterminer lui et son escorte.

Francis Garnier dans cette occurrence jugea qu'une action énergique était nécessaire. Il adressa donc un ultimatum au vice roi. Ne recevant aucune réponse, ce qui impliquait bien de la part des Annamites l'intention arrêtée de nous barrer le chemin et de nous expulser du Tonkin, il canonna, le 20 novembre, la citadelle de Hanoï qui n'était pas alors en notre pouvoir et là prit d'assaut. Les 2000 hommes qui en composaient la garnison se rendirent avec armes et bagages aux 150 hommes de Garnier. Le vice roi et tous les fonctionnaires furent faits prisonniers. Les Annamites avaient eu 80 tués et 300 blessés. 65 Français s'étaient mis à la poursuite de ceux qui avaient pu s'échapper et avec une seule pièce de canon s'emparèrent du fort de Phu-Haï situé à plus de 6 kilomètres de Hanoï. Ce fait d'armes éclatant nous mit en possession d'une ville qui comptait plus de 100,000 habitants.

Ces deux cents Français héroïques ne s'arrêtèrent pas en chemin et avec une audace inouïe s'emparèrent, dans l'espace de 20 jours, de Hung-Yen, de Phu-Ly, de Haï-Dzuong, ville de 40.000 habitants, de Ninh-Binh et enfin de Nam-Dinh qui en comptait 80.000.

Surprise par ces succès rapides qui se succèdaient comme des coups de foudre, la Cour d'Annam voulut traiter avec Garnier et lui envoya des ambassadeurs. Une suspension d'armes fut conclue. Mais, au mépris des conventions, les Annamites attaquèrent de nouveau Hanoï et l'intrépide et malheureux Garnier fut tué dans une embuscade le 21 décembre. Sa tête et celle de quatre de ses compagnons furent promenées comme un trophée à travers tout le pays. Ainsi finit cet homme digne des temps antiques qui, avec une poignée d'hommes, s'était emparé, dans l'espace d'un mois, d'un grand pays hérissé de places fortes et défendu par de nombreux ennemis.

Sa mort fut le signal d'horribles massacres de chrétiens et de l'attaque de tous nos établissements au

Tonkin. C'est grâce à l'énergie indomptable dont firent preuve MM. Harmand, de Trentinian, Bain de la Coquerie, Esmez et, Hautefeuille que nos soldats durent de ne pas être exterminés jusqu'au dernier.

Malheureusement le gouvernement français abandonna l'entreprise si bien commencée par F. Garnier; nos troupes furent rappelées du Tonkin et M. Dupuis, expulsé avec son personnel, se trouva complétement ruiné.

Cependant nous signâmes avec la cour de Hué, le 15 mars 1874 un traité qui fut ratifié par l'Assemblée Nationale en juin 1875 et nos consuls de Haïphong et de Hanoï reprirent leurs postes avec une escorte de 100 hommes.

Mais ce traité fut violé indignement par la cour d'Annam qui continua à entretenir à sa solde les Pavillons noirs,bandes formées des débris de l'insurrection Taïping et qui semaient depuis longtemps la terreur sur le haut Song-Koï après s'être emparées de la ville de Lao-Kaï qui avait repoussé leurs attaques pendant deux ans. Ces Pavillons noirs dont on a tant parlé depuis quelque temps avaient pour chefs Luu-Vinh-Phuoc et Hoang-Tsong-Iu qui, ne pouvant s'entendre sur le partage de leurs rapines, prirent le parti de se séparer.Lun-Vinh-Phuoc garda Lao-Kaï avec les pavillons noirs et Hoang-Tsong-Iu se retira à Koyang, sur la rivière Claire, avec ses bandes auxquelles il donna le nom de Pavillons Jaunes.

Ces violations flagrantes et continuelles des traités amenèrent forcément notre intervention armée au Tonkin où nous étions allés tout d'abord dans le seul but de trafiquer et d'assurer la liberté du commerce sur le fleuve Rouge.

Le capitaine de vaisseau H. Rivière qui commandait la marine à Saïgon partit de cette ville en mars 1882 avec le «Drac» et le «Parseval»,200 hommes d'infanterie de marine, une section d'artillerie de montagnes et un peloton de tirailleurs annamites. La petite colonne arriva sans encombres en vue d'Hanoï et la prit d'assaut le 12 avril 1882. Le premier résultat de la reprise de Hanoï fut de mettre entre nos mains les produits douaniers qui, d'après le traité de 1874, devaient être gérés par des mandarins annamites placés sous la direction et la surveillance de fonctionnaires français. Mais aucun secours ne fut envoyé au commandant Rivière qui vit le nombre de ses ennemis augmenter et l'audace des Pavillons noirs croître en proportion.

Ce ne fut qu'au dernier moment, alors que nous étions sur le point d'être chassés encore une fois de Hanoï qu'on renforça sa garnisson et qu'on envoya sur le fleuve Rouge le « Pluvier », la « Fanfare », la «Hache», la «Carabine» et le «Yatagan». Avec ces secours le commandant Rivière reprit l'offensive et s'empara de Nam-Dinh. A la nouvelle de ce succès Tu-Duc, suivant son habitude, envoya des ambassadeurs à Saïgon porteurs d'une lettre autographe pour demander la paix à tout prix.

Mais pendant les négociations entamées par la Cour d'Annam dans le seul but de gagner du temps les, Pavillons noirs et les Annamites auxquels s'étaient réunis de nombreux soldats chinois se concentraient à Bac-Ninh et aux environs et enfermaient les Français dans Hanoï. Pour se dégager et rompre le cercle de fer qui l'étreignait de plus en plus, le commandant Rivière fit une sortie le 19 mai ; mais assailli de tous côtés par des forces nombreuses, le malheureux et sympathique officier fut tué avec l'aspirant de marine Moulun, que nous avons connu, lors de notre passage au Lycée de Lorient, et le capitaine Jacquin, en cherchant à sauver une pièce de canon dont les servants étaient hors de combat.

Dans cette affaire qui eut un douloureux retentissement en France, le commandant Berthes de Villers fut mortellement blessé et nous eûmes 26 tués et 51 blessés. La retraite fut couverte par le lieutenant de vaisseau de Marolles dont on ne peut trop louer l'énergie et le courage dans ces malheureuses circonstances.

Dès que l'amiral Meyer qui commandait la division navale des mers de Chine eut connaissance de ces événements il se transporta à Haïphong à bord de la «Victorieuse» et demanda des renforts en Cochinchine et en France. La Chambre des députés envoya au Tonkin la dépêche suivante :

« La France vengera ses glorieux enfants. »

Le commandant Rivière était né en 1827 et avait été nommé capitaine de vaisseau en 1879 à la suite d'une brillante campagne en Nouvelle Calédonie.

Les pourparlers engagés le 28 novembre 1882 par M. Bourée, notre ministre en Chine, demeurèrent sans résultat et le gouvernement français se décida à une action énergique.

Le général d'infanterie de marine, Bouet, qui commandait alors nos forces au Tonkin, mit tout d'abord Haïphong en état de défense, l'entoura d'une enceinte fortifiée, visita Nam-Dinh qu'il fortifia également et arriva le 15 juin 1883 à Hanoï. Le général Bouet avait été bien inspiré en mettant Haïphong à l'abri d'une surprise, car, le 4 juillet, au milieu de la nuit, 8000 Annamites l'attaquèrent, mais sans succès. Nam-Dinh fut également attaquée les 27 juin, 7 et 11 juillet par de nombreuses bandes ennemies que la garnison mit en déroute. Ces mêmes bandes furent atteintes le 19 juillet à Cau-Giaï par le colonel Badens qui leur infligea une perte de un millier d'hommes et leur enleva 7 pièces de canon. Les Annamites dans ces différents combats, alléchés par les primes offertes pour la tête de nos officiers et soldats (430 francs pour la tête d'un officier, 350 francs pour celle d'un soldat français, 250 pour celle d'un auxiliaire Tonkinois) se battirent avec acharnement.

Sur ces entrefaites, le 17 juillet, mourut Tu-Duc après 35 ans de règne. Le Conseil de Régence d'Annam donna la couronne à l'un de ses neveux, Hiep-Hoa qui fut proclamé roi le 30 juillet.

Pendant que le brave colonel Badens continuait à infliger des pertes sérieuses aux Annamites qui entouraient Nam-Dinh et les mettaient de nouveau en déroute les 6 et 7 août ; que le général Bouet attaquait Sontay, mais était obligé de se retirer devant l'inondation ; l'amiral Courbet s'emparait des forts de Thuan-An qui défendaient l'entrée de la rivière de Hué, le **20 août 1883** et le 25 du même mois, forçait la Cour d'Annam à conclure avec nous un nouveau traité (voir l'histoire d'Annam).

Sans l'intervention de l'Armée régulière chinoise nous n'aurions sans doute plus eu de combats sérieux à livrer au Tonkin après la signature du nouveau traité. Mais la Chine voulant fermer sa frontière du sud-ouest au commerce de tous les étrangers fit valoir pour la première fois depuis plusieurs siècles ses droits de suzeraineté sur l'Annam et le Tonkin, droits qu'elle avait oublié de faire valoir lors de la conclusion des traités de 1862 et de 1874. A l'appui de ses nouvelles prétentions la Chine mit une garnison de réguliers chinois à Bac-Ninh et manifesta l'intention d'empêcher nos approvisionnements dans l'île de Haïnan où elle avait envoyé plus de 6000 hommes. En outre, en janvier 1883, elle avait fermé la rivière de Canton aux marines étrangères.

La France devant cette attitude ouvertement hostile et forte du droit que lui donnait le traité de 1874 envoya en octobre 1883 de nouveaux renforts au Tonkin où, à la fin d'août, nous n'avions que 5000 hommes, forces complètement insuffisantes même pour lutter contre les Pavillons noirs seuls qui comptaient plus de 25000 hommes, braves, hardis, armés de fusils à tir rapide et appuyés par l'artillerie moderne,

Nous avons dit plus haut que le général Bouet avait échoué dans une attaque contre Sontay. Ce général revint en France après avoir remis son commandement à l'amiral Courbet qui fut ainsi mis à la tête de toutes nos forces de terre et de mer.

L'amiral Courbet mena vigoureusement la campagne. Dès le 11 décembre nos troupes parties de Ha-

noï s'emparèrent successivement des ouvrages fortifiés élevés sur les bords du Song-Koï et du fort de
Phu-Sa, le 14 décembre.

Le 16 décembre, à 9 heures du matin,l'amiral entra
dans Sontay que l'ennemi avait quitté en désordre
après y avoir perdu plus de 900 hommes. Parmi les
blessés étaient Lun-Vinh-Phuoc, son lieutenant et
plusieurs mandarins chinois. Nos troupes dans cette
rapide campagne firent des prodiges de valeur mais
elles éprouvèrent des pertes sensibles : 68 tués et
249 blessés.

Après avoir balayé le pays autour de Sontay le
corps expéditionnaire revint à Hanoï où l'amiral s'occupa de renforcer toutes les garnisons du Delta afin
de nous y rendre inexpugnables. La baisse des eaux,
en rendant inutiles les canonnières qui nous étaient
d'un grand secours, empêcha une attaque immédiate
contre Hong-Hoa et Bac-Ninh où des forces ennemies
considérables étaient réunies.

Le colonel Brionval qui avait été chargé d'opérer
dans les provinces de Nam-Dinh et de Ninh-Binh avec
un bataillon d'infanterie de marine et 300 auxilaires
Tonkinois avait enlevé, aidé de « La Surprise », les
deux villages de Phou-Xa et Yen-Ca où les annamites
s'étaient massés au nombre d'environ 5000, puis, se
dirigeant vers la citadelle de Phu-Thien située sur la
rive droite du Cua-Traly, à 30 kilomètres de la mer,
s'en était emparé presque sans pertes.

Pendant ces événements, les mandarins de Hué for-
çaient le nouveau roi d'Annam,Hiep-Hoa,qui semblait
disposé à respecter les traités conclus avec nous,à abdiquer en faveur de son neveu qui prit le nom de
Kien-Phuoc et fut couronné le 2 décembre. Mais nos
ennemis furent trompés dans leur attente, car un
traité fut de nouveau signé avec nous par le conseil de
Régence le premier janvier 1884.

La pacification semblait faite dans les provinces de
Nam-Dinh et de Sontay, mais il restait à prendre Bac-
Ninh, la plus forte citadelle du delta peut-être, où

l'ennemi avait amassé d'immenses approvisionnements et où il paraissait résolu à se défendre jusqu'à la dernière extrémité. Le général Millot fut chargé de prendre cette ville et de poursuivre une campagne décisive. Ce général prit le commandement des troupes le 12 février 1884 à la place de l'amiral Courbet qui se rendit dans les premiers jours de mars à Quinhon avec le «Parseval» et le «Bayard» sur lequel il devait mourir.

Ce fut au commencement de ce mois que les opérations furent dirigées contre Bac-Ninh. Le général de Négrier occupa les sept pagodes, fortifia le village de Phu-Laï, à la jonction du Song-Cau et du canal des rapides, prit Yen-Dinh, battit l'ennemi à Chi et s'empara de Laï-Cau, sur la route de Chine. De son côté le général Brière de l'Isle emporta les hauteurs de Truong-Son défendues par plus de 10,000 hommes appuyés par des canons et des ouvrages fortifiés, traversa le canal des Rapides le 11 mars et vint faire sa jonction avec la colonne du général de Négrier.

Le général Millot suivant en personne le canal des Rapides s'avança, dès le 8 mars, vers Thuang-Thang, évitant les nombreux ouvrages accumulés par les chinois sur la route de Hanoï à Bac-Ninh, dans le but d'attaquer cette ville par le côté est qui était son point le plus faible.

A la suite de ces brillantes opérations stratégiques, le général Millot entra dans Bac-Ninh, le 12 mars, à 6 heures du soir, pendant que l'ennemi découragé par ses échecs successifs s'enfuyait sur la route de Thaï-Nguyen.

Nos pertes furent relativement minimes : 5 tués et 41 blessés. Ce doit être l'éternel honneur du général Millot d'avoir remporté une pareille victoire sans grande effusion de sang. L'armée chinoise forte de 22000 hommes éprouva des pertes considérables.

Le général de Négrier communiquant à ses soldats l'ardeur dont il était lui-même animé s'élança à la suite de l'ennemi sur la route de Lang-Son. Il l'atteignit à Phu-Lang-Gian et le battit. L'armée chinoise continua à fuir dans la direction de Ba-Cam, point situé à 40 kilomètres de Bac-Ninh, abandonnant ses fortins, ses canons, ses étendards et ses munitions,

L'ennemi était donc refoulé de tous côtés jusqu'à la frontière chinoise et le chef des Pavillons noirs s'était retiré à Hong-Hoa qui fut prise quelque temps après.

Le 11 mai 1884 un traité fut conclu avec la Chine à Tien-Tsin. Le représentant de la France était le capitaine de frégate, Fournier commandant le « Volta » et celui de la Chine, Li-Hong-Chang, vice-roi de Petchili.

Voici les principales dispositions de ce traité :

La Chine reconnait le protectorat de la France sur le Tonkin et l'Annam ainsi que les clauses du traité de Hué du 25 août 1883 et de toutes autres conventions à intervenir entre la France et l'Annam.

Elle admet comme limite du Tonkin les frontières naturelles, c'est à dire la ligne formée par les forteresses de Lang-Son, Cao-Bang et Lao-Kaï.

Elle ouvre au commerce français les provinces chinoises du Yunam, du Kouang-Si et du Kouang-Toung, c'est-à-dire la Chine méridionale depuis la Birmanie jusqu'à la mer.

Elle s'engage à conclure à bref délai avec la France un traité de commerce réservant à nos nationaux des avantages particuliers. Enfin elle retire toutes ses troupes du Tonkin.

De son côté la France renonce à toute indemnité de guerre.

Mais l'affaire de Bac-Lé où la mauvaise foi des Chinois se dévoila encore une fois d'une odieuse façon, remit tout en question. Il fallut de nouveaux efforts. Les généraux Brière de l'Isle et de Négrier rivalisèrent d'ardeur. Ce dernier emporta Lang-Son après une série de combats heureux et fit sauter la porte de Chine. Malheureusement attaqué dans cette place dépourvue de moyens de défense suffisants par des masses ennemies de plus en plus considérables, il fut blessé et obligé de remettre le commandement des troupes au colonel Herbinger qui jugea prudent de battre en retraite pour éviter un désastre. Cette retraite inattendue causa une grande émotion en France, et la Chambre des députés, dans une séance mémorable, vota deux cents millions pour l'envoi immédiat de nouveaux et puissants renforts.

Pendant que le général de Négrier entrait dans Lang-Son la brigade Giovanninelli, après deux jours de combats sanglants à Duoc, avait délivré la petite ville de Thuyen-Quan, le 3 mars 1885, où, pendant plusieurs mois, une poignée de Français commandés par le chef de bataillon, Dominé, avait repoussé victorieusement les attaques furieuses d'ennemis nombreux et supérieurement armés. La petite garnison de Thuyen-Quan avait combattu 18 jours après l'ouverture de la première brèche au corps de place, soutenu 7 assauts et causé des pertes immenses à l'ennemi. Ce siège doit compter parmi les plus belles pages de notre histoire.

De son coté l'amiral Courbet appelé à venger le guet-à-pens de Bac-Lé n'était pas resté inactif. Au mois d'août 1884 il détruisait la flotte chinoise dans la rivière Min ainsi que l'arsenal de Fou-Tchéou, la capitale de la province de Fo-Kien et le principal port chinois entre Canton et Shanghaï, puis il bloquait Formose et s'emparait de Kelung. Enfin deux jours avant la signature des préliminaires d'un nouveau traité de paix avec la Chine il plantait le drapeau français sur les îles Pescadores dont les forts avaient été pris d'assaut par les compagnies de débarquement.

L'amiral Courbet mourut à bord du « Bayard » le 11 juin 1885. Sa perte a été vivement ressentie dans toute la France où ses rapides succès sur mer lui avaient acquis la renommée d'un grand homme de mer.

Voici in extenso le texte du traité de paix avec la Chine qui a mis fin à la guerre du Tonkin.

Article 1er. — *La France s'engage à rétablir et à maintenir l'ordre dans les provinces de l'Annam qui confinent à l'Empire Chinois. A cet effet, elle prendra les mesures nécessaires pour disperser ou expulser les bandes de pillards et gens sans aveu qui compromettent la tranquillité publique et pour empêcher qu'elles ne se reforment. Toutefois, les troupes françaises ne pourront, dans aucun cas, franchir la frontière qui sépare le Tonkin de la Chine, frontière que la France promet de respecter et de garantir contre toute agression.*

De son côté la Chine s'engage à disperser ou à expulser les bandes qui se réfugieront dans ses provinces limitrophes du Tonkin et à disperser celles qui chercheraient à se former sur son territoire pour aller porter le trouble parmi les populations placées sous la protection de la France et, en considération des garanties qui lui sont données quant à la sécurité de sa frontiere, elle s'interdit pareillement d'envoyer des troupes au Tonkin. Les hautes parties contractantes fixeront par une convention spéciale les conditions dans les quelles s'effectuera l'extradition des malfaiteurs entre la Chine et l'Annam.

Les Chinois, colons ou anciens soldats, qui vivent paisiblement en Annam en se livrant à l'agriculture, à l'industrie ou au commerce et dont la conduite ne donnera lieu à aucun reproche, jouiront, pour leurs personnes et pour leurs biens, de la même sécurité que les protégés français.

Article 2. — *La Chine décidée à ne rien faire qui puisse compromettre l'œuvre de pacification entreprise par la France, s'engage à respecter, dans le présent et dans l'avenir, les traités, conventions et arrangements directement intervenus ou à intervenir entre la France et l'Annam.*

En ce qui concerne les rapports entre la Chine et l'Annam, il est entendu qu'ils seront de nature à ne point porter atteinte à la dignité de l'Empire chinois et à ne donner lieu à aucune violation du présent traité.

Article 3. — *Dans un délai de six mois, à partir de la signature du présent traité, des commissaires désignés par les hautes parties contractantes se rendront sur les lieux pour reconnaître la frontière entre la*

Chine et le Tonkin. Ils poseront, partout où besoin sera, des bornes destinées à rendre apparente la ligne de démarcation. Dans le cas où ils ne pourraient se mettre d'accord sur l'emplacement de ces bornes ou sur les rectifications de détail qu'il pourrait y avoir lieu d'apporter à la frontière actuelle du Tonkin dans l'intérêt commun des deux pays, ils en référeraient à leurs gouvernements respectifs.

Article 4. — Lorsque la frontière aura été reconnue, les Français ou protégés français et les habitants étrangers du Tonkin qui voudront la franchir pour se rendre en Chine, ne pourront le faire qu'après s'être munis préalablement de passe ports délivrés par les autorités chinoises de la frontière sur la demande des autorités françaises. Pour les sujets chinois, il suffira d'une autorisation délivrée par les autorités impériales de la frontière.

Les sujets chinois qui voudront se rendre de Chine au Tonkin par voie de terre devront être munis de passe ports réguliers délivrés par les autorités françaises sur la demande des autorités impériales.

Article 5. — Le commerce d'importation et d'exportation sera permis aux négociants français ou protégés français et aux négociants chinois par la frontière de terre entre la Chine et le Tonkin. Il devra se faire toutefois par certains points qui seront en rapport avec la direction comme avec l'importance du trafic entre les deux pays. Ils sera tenu compte, à cet égard, des réglements en vigueur dans l'Empire Chinois.

En tout état de cause, deux de ces points seront désignés sur la frontière chinoise, l'un au dessus de Laokaï, l'autre au de là de Lang-Son. Les commerçants français pourront s'y fixer dans les mêmes conditions et avec les mêmes avantages que dans les ports ouverts au commerce étranger. Le gouvernement de sa Majesté l'Empereur de Chine y installera des douanes et le gouvernement de la République pourra y entretenir des consuls dont les privilèges et les attributions seront identiques à ceux des Agents de même ordre dans les ports ouverts.

De son côté sa Majesté l'Empereur de la Chine pourra, d'accord avec le gouvernement français, nommer des consuls dans les principales villes du Tonkin.

Article 6. — *Un réglement spécial annexé au présent traité, précisera les conditions daus les quelles s'effectuera le commerce par terre entre le Tonkin et les provinces chinoises du Yunam, du Kouang-Si et du Kouang-Tong. Ce règlement sera élaboré par des commissaires qui seront nommés par les hautes parties contractantes, dans un délai de trois mois après la signature du présent traité.*

Les marchandises faisant l'objet de ce commerce seront soumises, à l'entré et à la sortie entre le Tonkin et les provinces du Yunam et du Kouang-Si, à des droits inférieurs à ceux que stipule le tarif actuel du commerce étranger.

Toute fois, ce tarif réduit ne sera pas appliqué aux marchandises transportées par la frontière terrestre entre le Tonkin et le Kouang-Tong, et n'aura pas d'effet dans les ports déjà ouverts par les traités.

Le commerce des armes, engins, approvisionnements et munitions de guerre de toute espèce sera soumis aux lois et règlements édictés par chacun des Etats contractants sur son territoire.

L'exportation et l'importation de l'opium seront régies par des dispositions spéciales qui figureront dans le règlement commercial sus-mentionné. Le commerce de mer entre la Chine et l'Annam sera également l'objet d'un règlement particulier. Provisoirement il ne sera innové en rien à la pratique actuelle.

Article 7. — *En vue de développer dans les conditions les plus avantageuses, les relations de commerce et de bon voisinage que le présent traité a pour objet de rétablir entre la France et la Chine, le gouvernement de la République construira des routes au Tonkin et y encouragera la construction de chemins de fer.*

Lorsque de son côté, la Chine aura décidé de construire des voies ferrées, il est entendu qu'elle s'adressera à l'industrie française, et le gouvernement de la République lui donnera toutes les facilités possibles pour se procurer en France le personnel dont elle aura besoin. Il est entendu aussi que cette clause ne peut être considérée comme constituant un privilége exclusif en faveur de la France.

Article 8. — *Les stipulations commerciales du présent traité et les règlements à intervenir pourront être révisés après un intervalle de dix ans révolus, à partir du jour de l'échange des ratifications du présent traité. Mais, au cas où six mois avant le terme ni l'une ni l'autre des hautes parties contractantes n'aurait manifesté le désir de procéder à la révision les stipulations commerciales resteraient en vigueur pour un nouveau terme de dix ans, et ainsi de suite.*

Article 9. — Dès que le présent traité aura été signé les forces françaises recevront l'ordre de se retirer de Kelung et de cesser la visite etc... en haute mer. Dans le délai d'un mois après la signature du présent traité, l'île de Formose et les Pescadores seront entièrement évacuées.

Article 10. — Les dispositions des anciens traités, accords et conventions entre la France et la Chine, non modifiées par le présent traité restent en pleine vigueur. Le présent traité sera ratifié dès-à-présent par S. M. l'empereur de Chine et, après qu'il aura été ratifié par le président de la République française, l'échange des ratifications sera fait à Pékin dans le plus bref délai possible.

Fait à Tien-Tsin, le 9 Juin 1885.

Les plénipotentiaires étaient: du côté de la France, M. Jules Patenôtre, envoyé extraordinaire et ministre plénipotentiaire de France en Chine ; du côté de la Chine, Li-Hong-Tchang, premier grand Sécrétaire d'Etat... et les deux commissaires impériaux, Si-Tchen et Teng-Tcheng-Sieou.

COLONIES D'OCÉANIE

La France possède directement en Océanie : 1° La NOUVELLE CALEDONIE ou BALADE avec ses dépendances : L'ILE DES PINS au sud et les ILES LOYALTY à l'est.

2° L'ARCHIPEL DE LA SOCIETE comprenant, à l'est : Aimeo, Moorea, Maitia, Tetouaroa, Tabouaï, Manou et Taïti ; à l'ouest : Maupiti, Matouiti, Borabora, Tohaa, Raïatea et Houakine.

3° L'ARCHIPEL DES MARQUISES ou MENDANA appelé aussi NOUKA-HIVA de la plus importante de ses îles, comprenant au nord-ouest, (groupe de Mendoë) : Fat-touhou, Hiaou, Nouka-Hiva, Houa-Poou, Houa-Houna ; au sud-est (groupe de Washington) : Hiwaoa, Tahouata, Nateaya et Fatou-Hiwa.

Sous son protectorat sont placées : les îles POMOTOU ou îles BASSES, les îles GAMBIER ou MANGAVERA et les îles TOUBOUAI.

NOUVELLE CALÉDONIE OU BALADE

GÉOGRAPHIE. — Situation géographique, Superficie, Population. — La Nouvelle Calédonie est située à l'est de l'Australie ou Nouvelle Hollande dont elle est distante de 1300 kilomètres environ, et au sud des Nouvelles Hébrides, entre 20° et 22° 30' de latitude Sud et 161° 45' et 164° 30 de longitude Est.

Cette île longue et étroite, entourée d'une ceinture de récifs madréporiques qui en rendent l'abord difficile surtout au sud-ouest, a 370 kilomètres de longueur sur 50 à 60 de largeur. Sa superficie est de 18000 kilomètres carrés, soit à peu près celle de trois départements Français.

Voici le tableau de la population de l'île d'après un recensement sérieux fait en 1881 :

Population civile........	2,500
Officiers et Employés....	1,041
Libérés................	2,300
Transportés	6,500
Indigènes ou Kanaks.....	21,250
Total...	33,591

Mais ce chiffre ne peut être qu'approximatif en ce qui concerne la population indigène que certains géographes portent à 60,000 individus.

Montagnes. — L'île est traversée dans toute sa longueur par une chaîne de montagnes dont les sommets les plus élevés sont : *le pic Humboldt* (1650 mètres), *le pic Saint-Vincent* (1547 mètres), le *Koghi* (1078 mètres), à l'est de Nouméa, entre la Dumbéa et Saint-Louis ; le mont *Mou* (1219 mètres), au nord de Païta; *le Dô* (1150 mètres), *L'arembo* (1200 mètres), *La Table Unio* (1400 mètres), le mont *Canala* (1100 mètres), le mont *Panié* (1642 mètres), *Le Home Djéboua* (1240), les monts *Kâala* (1035 et 1085), le mont *Pendjà* (1122 mètres), *le Daouit* (1268 mètres).

Le versant occidental est escarpé et abrupt tandis que le versant oriental a des pentes assez douces. De cette chaîne principale se détachent plusieurs rameaux moins élevés mais qui, en s'allongeant jusqu'à la mer, rendent les communications difficiles.

Cours d'eau. — Les seules rivières importantes que l'on ait à signaler sont : *La Diahot* qui prend sa source aux monts Houbiain, passe à Ouénia, à Boudé, à Manghine, au Caillou et se jette à la mer par 3 bouches, en face de l'île Pam ; et *l'Onagap* large comme la Seine, à Paris, et dont les vallées sont très fertiles. Citons encore : *La Tontouta*, *le Tamoa*, *la Caricouié*, *la Catiramouna*, *la Dumbéa*, la rivière de *Saint-Louis*, *la Coulée*, la rivière *des Pirogues*, la rivière N'go, les rivières *Bleue*, *des Kaoris*, *Port Boisé*, *Ouenghi*, *auaniana*, *Ouaya*, *Ouaméni*, *Foa* la plus grande de la côte ouest, couverte de palétuviers, *Moindou*, *Messadiou*, *Néra*, *Boguen*, *Déva*, *du Cap*, *Dahouit*, *Voh*, *Koué*, *Témala*, *Ponembout*, *d'Amoa*, *Onaco*, *Youanga*, *Koumac* et *Néhoué*.

Productions naturelles, Cultures. — L'île renferme un grand nombre de forêts dont les bois sont excellents pour les constructions. On y trouve des pins Kauris surtout dans la belle plaine de Prony qui s'étend entre Nouméa et l'île des Pins, des cocotiers, des bananiers, des arbres à pains des arums ou taro, des acacias, des bois de rose, des chênes gomme.

Les céréales et les fruits d'Europe s'acclimatent très bien dans la Nouvelle-Calédonie.

Plusieurs usines à sucre ont été construites à Saint-Louis, à la Dumbéa, à Païta, à la Tamoa, à Bourail, mais sauf sur ce dernier point, n'ont pas donné de résultats très satisfaisants. L'invasion des sauterelles qui, là comme en Algérie, exercent de terribles ravages a découragé les planteurs. Il est pourtant à désirer que ce genre d'industrie ne périclite pas. En revanche, la culture du riz, du coton, du café et du tabac y a pris, dans ces dernières années, une extension importante.

Animaux. — Sauf les oiseaux qu'on y rencontre en grand nombre l'île ne contient que peu d'espèces d'animaux.

Il y a de beaux pâtûrages. L'on peut évaluer à 70,000 le nombre des têtes de gros bétail.

Règne minéral. — Le sol de la Nouvelle-Calédonie est essentiellement minier. On y trouve partout des gisements de minerais ; de l'or, dans la vallée de la Diahot et sur divers points de la côte est ; dans la même vallée, du cuivre (l'un de ces gisements connu sous le nom de mine de Balade est en pleine exploitation) ; du cuivre à Koumac et à Belep, dans le nord. On exporte mensuellement de Balade de 500 à 800 tonnes de minerai. Mais le métal le plus répandu dans l'île est le Nickel. On y trouve aussi du fer chromé, du Cobalt.

Aux environs de la Nouvelle-Calédonie, dans les îles Huon ainsi que dans les Chesterfield, îles situées entre 155° 50' et 156° 50' de longitude Est et entre 19° et 20° de latitude Sud, à 350 milles de la Nouvelle-Calédonie et qui appartiennent à la France depuis 1878, on trouve d'importants dépôts de guano.

Climat. — Le climat de la Nouvelle-Calédonie est sain et exempt de maladies endémiques. La température y varie de 20° à 26° centigrades, de mai à septembre, pendant l'hivernage ; d'octobre en avril, elle oscille entre 26° et 35°.

Origine, Mœurs et Coutumes des Indigènes. — Le Néo-Calédonien est issu d'un mélange de race nègre et polynésienne. Il est de stature moyenne, remarquablement laid, paresseux, pillard, cruel et anthropophage, à l'occasion. Les kanaks ou Canaques se nourissent habituellement d'ignames, de taros, de cannes à sucre, de cocos, de poissons fumés, de coquillages. — Quelques tribus sur la grande terre ont été converties au catholicisme. Aux Loyalty il y a des protestants et des catholiques en nombre à peu près égal.

Ils vivent sous les ordres de chefs qui jouissent d'un pouvoir absolu. La femme assujettie aux plus durs travaux est dans un état d'infériorité complet.

Divisions, villes, Bourgs. — La Nouvelle-Calédonie est divisée en cinq arrondissements qui ont pour chefs-lieux : *Nouméa*, *Canala*, *Houailou*, *Touho* et *Onéga*.

Premier arrondissement. Le premier arrondissement comprend tout le sud de l'île. Il est limité au nord par une ligne partant de la rivière Tontouta, sur la côte ouest, et aboutissant à la rivière Ugone sur la côte est.Les îles Loyalty et l'île des Pins en font partie. Les principales localités sont : l'île *Nou*, la presqu'île *Ducos*, *le Pont des Français*, *la Dumbéa*, *Paita*, *Saint-Vincent*, *la Baie du Sud*,*le Mont d'Or*, *Saint-Louis*, à 17 kilomètres de Nouméa, *Yaté*.

Deuxième arrondissement. Le deuxième arrondissement est borné au sud par les rivières Tontouta et Ngone, limites nord du premier arrondissement, et au nord par une ligne suivant les crêtes qui forment la vallée de Lauaoua, du côté nord et aboutissant sur la côte ouest, du ravin appelé du 21e kilomètre, entre Bourail et Téremba. Les principales localités sont : *Thio*, à 125 kilomètres de Nouméa,*Naketza*,*Kouaoua* *Moindou*, *Téremba*, *le Fouwary*, *la Foa*,*le Ouaméni* *Bouloupari* et *Touco*.

Troisième arrondissement. Le troisième arrondissement est limité au sud par la limite nord du deuxième arrondissement. Sa limite nord par de la rivière la Poneudimie,sur la côte est, passe entre les territoires de Wagap et de Baye, ceux d'Amoab et de Pomérihouen, se dirige sur l'aiguille de Monio et de là sur le mont Kapéto puis sur le pic Tiaoué qu'elle quitte pour finir, au dessous de Pamaro, à la rivière Tiaoui. Les principales localités sont : *Gouaro, Bourail, le Cap, Goulvain, Poya, Mouéo, Baye, Tchamba, Pounérihouen, Mou, Koua, Lebris.*

Quatrième arrondissement. Le quatrième arrondissement est limité au sud par le troisième arrondissement, au nord par une ligne partant de la rivière Boaalabio, sur la côte est, et aboutissant dans la baie Chasseloup. Les principales localités sont: *Pouembout, Koué, Voh, Heynghène, Touho, Wagap.*

Cinquième arrondissement. Le cinquième arrondissement est limité au sud par le quatrième arrondissement au nord par la mer. Les principales localités sont : *Gomen, Koumac* ; les îles *Paaba*, sur la côte ouest ; *Arama, Pam, Balade, Pouèbo, Oubatche*, sur la côte est ; *le Caillou, Manghine, Boude*, dans l'intérieur ; les îles *Bélep, Huon* et *Chesterfield*.

Nouméa, appelé primitivement *Port de France*, est la capitale de l'île. Cette ville se trouve au sud-ouest, à l'extrémité d'une petite presqu'île inculte et désséchée, mais qui, par sa situation en face de Sydney, capitale de l'Australie, a une grande importance maritime. Elle compte environ 3000 habitasts.

Elle est défendue par divers ouvrages fortifiés. Les principales constructions sont : la caserne d'Infanterie de marine, l'Hôtel du Gouvernement, la banque, l'hôpital militaire et les magasins de subsistance. Dès quais en pierre permettent le débarquement rapide des navires.

Tout près de Nouméa se trouve l'île Nou ou Dubouzet affectée à la déportation.

L'*Ile des Pins*. L'île des Pins est comprise dans le premier arrondissement. Elle est située à 88 kilomètres au sud de la Nouvelle-Calédonie. Montueuse et volcanique cette île renferme néanmoins de magnifiques pins dont la hauteur atteint jusqu'à 50 mètres. Les côtes sont saines et assez fertiles.

Les *Iles Loyalty*. Comme l'île des Pins, ces îles font partie du premier arrondissement. Situées à l'est de la Nouvelle-Calédonie ces îles sont basses, formées de massifs de corail, boisées à l'intérieur mais dépourvues d'eau. Les principales sont : *Ouvèa, Lifou, Chabrol* et *Maré*. Leur population est d'environ

15000 habitants. Elles appartiennent à la France depuis 1863.

Commerce général. — Les importations de France en Nouvelle-Calédonie se sont élevées:

en 1882 à . . . . . 3,787,000 fr.
en 1883 à . . . . . 6,037,000 fr.

Les exportations de la Nouvelle-Calédonie pour la France se sont élevées :

en 1882 à . . . . . 1,347,000 fr.
en 1883 à . . . . . 1,926,000 fr.

HISTOIRE. — Nous avons peu de choses à dire au point de vue historique. La Nouvelle-Calédonie appartient à la France depuis 1853, Elle fut decouverte le 4 septembre 1774 par le capitaine anglais, Cook.

Les tribus de l'intérieur imparfaitement soumises se sont soulevées plusieurs fois depuis que nous occupons l'île, notamment en 1878, 1879. Mais les travaux qu'on y exécute, les chemins qu'on y trace les auront bientôt chassées de leurs dernières retraites et réduites à se soumettre à notre domination sous peine de cet anéantissement rapide et fatal qui attend les peuples inférieurs rebelles à la civilisation.

ARCHIPEL DE LA SOCIÉTÉ

GEOGRAPHIE. — **Situation géographique, Population.** — L'Archipel de la Société qui se compose d'un groupe de petites îles citées au commencement de ce chapitre et parmi lesquelles se trouve Taïti, la plus importante, se trouve par le 16° de latitude Sud,

Elles sont d'origine volcanique et entourées, à un kilomètre environ des côtes, de bancs de corail qui ont jusqu'à 20 et 30 mètres d'épaisseur.

La population de toutes ces îles peut être évaluée à

22000 habitants. Nous ne nous arrêterons que sur Taïti dont la France vient de prendre définitivement possession.

Taïti se compose de deux presqu'îles réunies par un isthme de 2 kilomètres. Comme les autres îles de l'Archipel elle est d'origine volcanique.

Montagnes. — Au centre s'élève le *Tobronou* haut de 2450 mètres au-dessus du niveau de la mer.

Productions naturelles, Cultures. — Sur ses rivages on trouve une multitude de coquillages d'espèces rares, tels que les volutes, les olives, les porcelaines, les mitres, les argonautes, les cônes, les harpes, le corail. Dans l'intérieur s'épanouissent tous les fruits des tropiques. On y voit le mûrier à papier, la canne à sucre, le jaquier, le bananier, le cocotier, l'arbre à pain, le taro. On y cultive jusqu'à la pomme de terre.

Animaux. — Les animaux venimeux ou féroces y sont inconnus, mais on y rencontre beaucoup de chiens et de porcs presqu'à l'état sauvage.

Climat. — Le climat est sain quoique chaud et éprouve peu de variations. La saison humide ou hivernage est de décembre à avril. Les pluies sont alors très abondantes.

La beauté des sites, l'abondance de tout ce qui est nécessaire à la vie, la salubrité du climat, justifient le nom de Cythère que Bougainville avait donné à cette île. La douceur, l'affabilité de ses habitants s'ajoutent à la splendeur naturelle du pays pour en rendre le séjour particulièrement agréable aux Européens.

Mœurs et Coutumes des habitants, Religion. — La population de couleur cuivrée ou brun rougeâtre est belle, intelligente, d'un caractère enjoué et expansif mais portée à la licence, une des causes de la dépopulation de l'île. Elle s'élève à environ 10,000 habitants.

Les naturels qui s'habillent maintenant à l'Européenne sont catholiques ou protestants.

Villes. — La capitale de Taïti est *Papéiti* qui renferme environ 3000 habitants.

Commerce général. — Le mouvement commercial des îles de la Société s'élève à environ 8,000,000 de francs.

HISTOIRE. — C'est l'espagnol Fernandez de Quiros qui visita le premier Taïti ou Otahiti, vers l'année 1606. Depuis lui, Wallis, Bougainville et le capitaine Cook l'explorèrent et y séjournèrent. Tous ces illustres voyageurs s'accordent à nous représenter cette île comme un paradis terrestre, un oasis délicieux perdu dans l'immensité de l'Océan.

Taïti placé sous notre protectorat dès 1842 avait, avant l'annexion, un gouvernement constitutionnel avec parlement et lois écrites depuis 1825.

Il est à remarquer que les souverains de Taïti ont essayé d'échapper de bonne heure à l'ignorance de leurs ancêtres qui, comme le célèbre Finau, roi des îles Tonga, faisaient d'incroyables efforts pour comprendre non seulement le mécanisme de l'écriture mais son but et ses résultats. Pomaré I écrivait déjà en 1807 des lettres curieuses aux missionnaires et l'on possède des autographes de la dernière reine, la fameuse Pomaré, qui dénotent chez elle une vive intelligence et un excellent cœur.

Ce petit peuple intéressant ne tardera pas sans doute à se confondre avec notre race pour laquelle il a tant d'affinité.

ARCHIPEL DES MARQUISES
OU MENDANA

Les îles Marquises détaillées plus haut sont situées vers le 10° de latitude Sud, au nord des îles Pomotou. Elles présentent une superficie d'environ 1244 kilomètres carrés.

Toutes ces îles sont montueuses et renferment de profondes vallées assez fertiles. Le climat y est sain mais très sec.

Les indigènes appelés Canala, au nombre de 15000 environ, ont la peau d'un brun rouge. Ils sont grands, braves, mais malheureusement cruels, perfides, voleurs et paresseux. Quelques uns ont été convertis au christianisme.

Ces îles placées sur la route de Chine, de Malaisie et d'Australie prendront une grande importance lorsque le percement de l'isthme de Panama sera terminé. Les industriels assez avisés pour y établir alors de vastes dépôts de charbon seront sans doute amplement rècompensés de leurs peines.

Le fort Collet se trouve à *Nouka-Hiva,* l'île principale des Marquises.

L'établissement de Waïtahou se trouve dans l'île de *Tahouata.*

Ces îles appartiennent à la France depuis 1842 et ont servi de lieu de déportation.

ILES POMOTOU OU ILES BASSES

Les îles Pomotou ou îles Basses (archipel dangereux) s'étendent du nord-ouest au sud-est, entre les 14° et 23° degrés de latitude sud, entre les îles Marquises et l'Archipel de la Société.

Elles présentent une superficie de 8600 kilomètres carrés environ et renferment 8000 habitants convertis au christianisme.

Ces îles sont sous le protectorat de la France depuis 1859.

ILES GAMBIER OU MANGAVERA

Les îles Gambier se trouvent au sud-est des îles Pomotou. Elles présentent une superficie de 30 kilomètres carrés et sont peuplées de 1500 habitants de religion catholique.

Sur leurs côtes on pêche l'huître perlière.

Ces îles sont sous notre protectorat depuis 1844.

ARCHIPEL TOUBOUAI

A 600 kilomètres au sud de Taïti, la France protège aussi le petit archipel de Toubouaï *(Toubouai, Vavitou, Rapa)* qui a 145 kilomètres carrés de superficie et de 6 à 700 habitants.

Toutes ces petites îles font peu de commerce mais sont très utiles comme points de relâche pour les navires dans l'immensité de l'Océan.

NOTES COMPLÉMENTAIRES

MADAGASCAR. — Voici le texte du traité conclu le 17 décembre 1885 entre le gouvernement de la République Française et le gouvernement de Sa Majesté la Reine de Madagascar :

Le gouvernement de la République Française et celui de Sa Majesté la Reine de Madagascar, voulant empêcher à jamais le renouvellement des difficultés qui se sont produites récemment, et désireux de resserrer leurs anciennes relations d'amitié, ont résolu de conclure une convention à cet effet, et ont nommé pour plénipotentiaires, savoir :

Monsieur Paul-Emile Miot, contre amiral, commandant en chef la division navale de la mer des Indes.

Et Monsieur Salvator Patrimonio, ministre plénipotentiaire,

Pour la République Française ;

Et

Monsieur le général Digby Willougby, officier général, commandant les troupes malgaches, et ministre plénipotentiaire,

Pour le gouvernement de Sa Majesté la Reine de Madagascar ;

Les quels, après avoir échangé leurs pleins pouvoirs, trouvés en bonne et due forme, sont convenus des articles qui suivent, sous réserve de ratification :

Article 1er. — *Le gouvernement de la République Française représentera Madagascar dans toutes ses relations extérieures. Les Malgaches à l'étranger seront sous la protection de la France.*

Article 2. — *Un résident représentant le gouvernement de la République présidera aux relations extérieures de Madagascar sans s'immiscer dans les relations intérieures des Etats de sa Majesté la Reine.*

Article 3. — *Il résidera à Tananarive avec une escorte militaire. Le résident aura droit d'audience privée et personnelle auprès de Sa Majesté la Reine.*

Article 4. — *Les autorités dépendant de la Reine n'interviendront pas dans les contestations entre Français ou entre Français et étrangers. Les litiges entre Français et Malgaches seront jugés par le résident, assisté d'un juge Malgache.*

Article 5. — *Les Français seront régis par la loi française pour la répression de tous les crimes et délits commis par eux à Madagascar.*

Article 6. — *Les citoyens français pourront résider, circuler et faire le commerce librement dans toute l'étendue des Etats de la Reine.*

Ils auront la faculté de louer pour une durée indéterminée, par bail emphytéotique renouvelable au seul gré des parties, les terres, maisons, magasins et toute propriété immobilière. Ils pourront choisir librement et prendre à leur service, à quelque titre que ce soit, tout Malgache libre de tout engagement antérieur.

Les baux et contrats d'engagements de travailleurs seront passés par acte authentique devant le résident français et les magistrats du pays, et leur stricte exécution garantie par le gouvernement.

Dans le cas où un Français devenu locataire d'une propriété immobilière viendrait à mourir, ses héritiers entreraient en jouissance du bail conclu par lui pour le temps qui resterait à courir avec faculté de renouvellement. Les Français ne seront soumis qu'aux taxes foncières acquittées par les Malgaches.

Nul ne pourra pénétrer dans les propriétés, établissements et maisons occupés par les Français ou par les personnes au service des Français que sur leur consentement, avec l'agrément du résident.

Article 7. — *Sa Majesté la Reine de Madagascar confirme expressément les garanties stipulées par le traité du 8 août 1868, en faveur de la liberté de conscience et de la tolérance religieuse.*

Article 8. — *Le gouvernement de la Reine s'engage à payer la somme de dix millions de francs, applicable, tant au règlement des réclamations françaises liquidées antérieurement au conflit survenu entre les deux parties qu'à la réparation de tous les dommages* causés aux particuliers étrangers par le fait de ce conflit. L'examen et le règlement de ces indemnités sont dévolus au gouvernement français.

Article 9. — *Jusqu'à parfait payement de ladite somme de dix millions de francs, Tamatave sera occupé par les troupes françaises.*

Article 10. — *Aucune réclamation ne sera admise au sujet des mesures qui ont dû être prises jusqu'à ce jour par les autorités militaires françaises.*

Article 11. — *Le gouvernement de la République s'engage à prêter assistance à la Reine de Madagascar pour la défense de ses Etats.*

Article 12. — *Sa Majesté la reine de Madagascar continuera, comme par le passé, de présider à l'administration intérieure de toute l'Ile.*

Article 13. — *En considération des engagements pris par Sa Majesté la Reine, le gouvernement de la République consent à se désister de toute répétition à titre d'indemnité de guerre.*

Article 14. — *Le gouvernement de la République, afin de seconder la marche du gouvernement et du peuple malgache dans la voie de la civilisation et du progrès, s'engage à mettre à la disposition de la reine les instructeurs militaires, ingénieurs, professeurs et chefs d'ateliers qui lui seront demandés.*

Articles 15. — *Le gouvernement de la reine s'engage expressément à traiter avec bienveillance les Sakalaves et les Antankares et à tenir compte des indications qui lui seront fournies à cet égard par le gouvernement de la République.*

Toutefois, le gouvernement de la République se réserve le droit d'occuper la baie de Diego-Suarez et d'y faire des installations à sa convenance.

Article 16. — *Le président de la République et Sa Majesté la reine de Madagascar accordent une amnistie générale, pleine et entière, avec levée de tous les séquestres mis sur leurs biens, à ceux de leurs sujets respectifs, qui, jusqu'à la conclusion du traité et auparavant, se sont compromis pour le service de l'autre partie contractante.*

Article 17. — *Les traités et conventions existant actuellement entre le gouvernement de la République et celui de Sa Majesté la reine de Madagascar, sont expressément confirmés dans celles de leurs dispositions qui ne sont pas contraires aux présentes stipulations.*

Article 18. — *Le présent traité ayant été rédigé en français et en malgache et les deux versions ayant exactement le même sens, le texte français sera officiel et fera foi sous tous les rapports, aussi bien que le texte malgache.*

Article 19. — *Le présent traité sera ratifié dans le délai de trois mois, ou plutôt, si faire se pourra.*

Fait en double expédition, à bord de la « Naïade » en rade de Tamatave, le dix-sept décembre, mil huit cent quatre-vingt-cinq.

Suivent les signatures.

Nous ne pouvons, pour notre part, qu'applaudir à la fin de l'expédition de Madagascar qui menaçait de traîner en longueur. Le traité conclu, sur les indications de M. de Freycinet dont tout le monde connait l'habileté diplomatique, avec la reine des Hovas, nous assure le protectorat de l'île tout entière ainsi que la possession directe de la baie de Diego Suarez, l'une des meilleures de la côte nord-ouest. La clause qui permet aux Français d'acquérir des immeubles dans l'île nous laisse la faculté d'offrir aux Boërs du Transwaal avec lesquels nous venons de conclure un traité de commerce, le 17 juillet 1885, ainsi qu'aux créoles de la Réunion, de grands territoires qu'ils pourront cultiver et rendre très productifs. L'avenir de Madagascar nous semble donc désormais assuré.

TERRE-NEUVE. — D'après une convention signée le 14 novembre 1885 entre les gouvernements français et anglais, la France consent à l'établissement d'industries anglaises dans les havres et baies des parties de la côte réservée par le traité d'Utrecht. Les droits de pêche de nos nationaux sont maintenus; la police des pêcheries sera faite par les marines de guerre des deux nations.

La France abandonne les pêcheries de saumon dans

les rivières mais en revanche les pêcheurs français sont exempts de tous droits pour les articles nécessaires à leur industrie.

TONKIN. — Dans une séance mémorable la Chambre des Députés a voté les crédits demandés par le gouvernement pour l'achèvement de la pacification du Tonkin. Ce vote qui consacre les efforts glorieux de nos troupes de terre et de mer ouvre définitivement à notre commerce et à notre influence d'immenses débouchés, quoiqu'on en dise, en même temps qu'il augmente considérablement notre empire colonial. Il eût été désastreux à tous les points de vue d'abandonner, après tant de sang versé, un pays dont la possession nous était assurée par le traité de Tien-Tsin, et précisément au moment où la guerre était terminée. La tranquillité parfaite dont a joui la mission de délimitation de frontières pendant tout son voyage dans le Nord du Tonkin nous est un sûr garant des bonnes intentions de la Chine qui d'ailleurs doit actuellement tourner ses regards vers le Nord. Nous ne doutons pas pour notre part que, sous une administration civile et intelligente, le Tonkin qui renferme de 10 à 12,000,000 d'habitants non seulement ne se suffise à lui-même mais ne soit même dans un temps très rapproché une source de revenus pour la Métropole. D'ailleurs, comme on l'a dit justement, il suffit pour se convaincre de l'importance de cette région voisine de la Chine de savoir avec quelle jalousie les Anglais ont suivi notre marche victorieuse et avec quelle précipitation ils se sont jetés sur la Birmanie.

Par un décret du 31 janvier 1886 M. Paul Bert député, Membre de l'Institut, a été nommé Résident général de France en Annam et au Tonkin. Par un arrêté de même date, M. Dillon, Consul général, est nommé résident supérieur à Hué. M. Vial, capitaine de frégate en retraite, ancien Directeur de l'Intérieur en Cochinchine, a été nommé résident supérieur à Hanoï.

COTES D'AFRIQUE. — Un arrangement à été conclu le 24 décembre entre la France et l'Allemagne au sujet des possessions françaises et allemandes sur la côte occidentale de l'Afrique et dans les mers du Sud.

D'après cet arrangement, l'Allemagne renonce, en faveur de la France, dans la baie de Biafra, à tous ses droits de souveraineté ou de protectorat sur les territoires situés au sud de la rivière Kampo.

La France renonce à toutes ses revendications territoriales au nord de cette ligne.

Sur la côte des Esclaves, la France reconnaît le protectorat sur le territoire de Togo, renonce à tous ses droits sur le territoire de Porto-Seguro, sur le Petit-Popo, et reconnaît le protectorat de l'Allemagne sur ce pays.

Une commissson mixte déterminera la frontière des possessions des deux parties, qui partira de la côte entre Petit-Popo et Agoue.

Sur la côte de Sénégambie, l'Allemagne renonce à toutes ses prétentions sur le territoire situé entre le Rio-Nunez et la Mellacorée, notamment à Koba et Kabitaï.

Dans la mer du Sud, l'Allemagne s'engage à ne rien faire qui puisse empêcher la France d'occuper les îles Sous-le-Vent et les Nouvelles-Hébrides.

La France promet de respecter les droits appartenant à la Société Kolin, à Koba et Kabitaï. Cette société jouira des mêmes prérogatives que les sociétés françaises, sous le rapport de la liberté de commerce, du droit d'acquérir des terres, des impôts, des droits de douane, des contributions.

L'Allemagne concède au roi Mansa, à Porto-Seguro, pour la durée de sa vie, la même situation que celle dont il jouissait sous le régime français.

Mouvement de la Navigation sous tous pavillons dans les ports de Nouméa (Nouvelle-Calédonie) et Papeiti (Taïti).

NOUMÉA

ANNÉES	ENTRÉES ET SORTIES RÉUNIES						PART du Pavillon français dans le tonnage total.
	Sous pavillon français		Sous pavillons étrangers		Sous tous pavillons		
	Navires	Tonnage	Navires	Tonnage	Navires	Tonnage	
1878	63	18.517	132	39.914	195	58.431	32
1879	49	18.350	203	69.923	252	84.273	22
1880	76	20.165	153	50.136	229	70.301	28
1881	50	16.735	198	67.383	248	84.118	20
1882	35	14.358	217	79.861	252	94.219	15

PAPEITI

ANNÉES	ENTRÉES ET SORTIES RÉUNIES						PART du Pavillon français dans le tonnage total.
	Sous pavillon français		Sous pavillons étrangers		Sous tous pavillons		
	Navires	Tonnage	Navires	Tonnage	Navires	Tonnage	
1878	32	7.462	269	43.865	301	51.327	14
1879	"	"	"	"	423	45.626	"
1880	164	14.840	195	26.944	359	41.784	33
1881	136	15.042	275	27.523	411	42.565	35
1882	"	"	"	"	"	"	"

TABLE DES MATIÈRES

HENNEBONT. — IMPRIMERIE L. TILLET

PLANISPHÈRE

Indiquant l'emplacement des anciennes et des nouvelles Colonies de la France et des pays placés sous son protectorat

Régions occupées anciennement par la France (avec la date de leur évacuation)

Colonies actuelles ou pays protégés (avec la date de leur occupation)

OCÉAN GLACIAL ARCTIQUE

GROENLAND

MER DE BAFFIN

AMÉRIQUE DU NORD

MER DE BEHRING

NOUVELLE BRETAGNE (1713)

MER D'HUDSON

LABRADOR (1713)

CANADA (1763)

TERRE NEUVE (1713)

St Pierre et les Miquelons (1534)

ACADIE OU Nᵉˡˡᵉ ÉCOSSE (1713)

Iˢ AÇORES

ÉTATS UNIS

LOUISIANE (1803)

G. DU FLORIDE

MEXIQUE

MER DES ANTILLES

HAÏTI (1809)

GUYANE ANGLAISE

GUYANE HOLLANDAISE

GUYANE FRANÇAISE (1604)

OCÉAN PACIFIQUE

OCÉAN ATLANTIQUE

AMÉRIQUE DU SUD

BRÉSIL

PLATA

PATAGONIE

ÉQUATEUR

Terre de Feu

Cap Horn

ÉQUATEUR

Iˢ Marquises ou Nouka Hiva (1842)

Iˢ de la Société ou Taïti (1842)

Archipel de Cook (1847)

EUROPE

ASIE

RUSSIE

MER DE KARA

MER D'SIBÉRIENNE

SIBÉRIE

ZEMBLE

PRUSSE

AUTRICHE

ESPAGNE

MÉDITERRANÉE

M. NOIRE

TURQUIE D'ASIE

PERSE

ARABIE

SAHARA

SÉNÉGAL

GUINÉE

DAHOMEY

SOUDAN OU DARFOUR

TRIPOLI

ALGÉRIE (1830)

CONGO

GABON (1862)

CAFRERIE

AFRIQUE

MADAGASCAR

MAURICE (1815)

ILE DE LA RÉUNION (1636)

OCÉAN INDIEN

MER D'OMAN

G. DU BENGALE

CHINE

M. DU JAPON

OCÉAN PACIFIQUE

Iˢ PHILIPPINES

Iˢ MARIANNES

Iˢ CAROLINES

BORNÉO

AUSTRALIE

Nᵉˡˡᵉˢ HÉBRIDES

Iˢ LOYALTY (1863)

Nᵉˡˡᵉ CALÉDONIE (1853)

TASMANIE

NOUVELLE ZÉLANDE

OCÉAN GLACIAL ANTARCTIQUE

Terres australes

Terres australes

Paris, Imp. Moderne, 14, r. de Four